★ 适合7至8岁 ★

# 彩色的梦

CAISE DE MENG

主编 李香菊

# 编 委 会

广泛阅读，可以提高阅读理解力；

广泛阅读，可以丰富知识，开阔视野；

广泛阅读，可以提升思维力、鉴赏力；

广泛阅读，可以促进人的精神成长。

新编的读本，包括古诗文经典诵读、优秀作品专题阅读和整本书阅读，是落实课内外阅读一体化的优质资源。

捧起这套读本读起来，你会越来越享受阅读，你的一生一定会因为阅读而精彩！

崔峦

用阅读滋养你的心灵，
让你变得聪明善良，胸怀宽广，更富想象力和创造力。

张之路

发现美，学会爱，表达自己，
在阅读和写作中不断进步！

王一梅

致亲爱的小读者：

童年是一本打开的书，有多少秘密在等待你。不要问我：将来会怎样？我的梦想在哪里？世界很小又很大，每一本书都是一个小小阶梯。

徐鲁

为自己读书
为美好读书

肖复兴
庚子岁末

读经典的书
做优秀的人

[illegible]

阅读是一种智慧。

冰波

# 目录

## 经典诵读



## 专题阅读一

## 组文阅读



# 专题阅读二



## 范文阅读



## 自由阅读

## 专题阅读三



### 范文阅读



### 组文阅读



## 专题阅读四



### 范文阅读

自由阅读



专题阅读五



整本书阅读

# 经典诵读

你有没有留意过天边的云霞，燃烧着飘向天涯？你有没有在傍晚的微风里看晚归的鸟儿回家？春天的嫩芽，夏日的繁花，都如诗如画，展示着美丽的芳华。

让我们诵读下面的古诗和《笠翁对韵》片段，一边诵读一边想象画面，积累优美的语言。读《弟子规》时，记得还要与自己的生活对照一下。

扫码收听朗诵音频

# 1 山亭夏日

pián
[唐]高骈

绿树阴浓夏日长，
楼台倒影入池塘。
水精帘动微风起，
　　qiáng wēi
满架蔷薇一院香。

扫码收听朗诵音频

# 2 春宿左省（节选）

[唐]杜甫

花隐掖垣暮，

啾啾栖鸟过。

星临万户动，

月傍九霄多。

扫码收听朗诵音频

# 3 状江南·孟夏

[唐] 贾弇(yǎn)

江南孟夏天，
慈竹笋如编。
蜃气为楼阁，
蛙声作管弦。

扫码收听朗诵音频

# 4 田园乐（其六）

[唐]王维

桃红复含宿雨，
柳绿更带春[①]烟。
花落家童[②]未扫，
莺啼山客犹眠。

① 春：一作“朝”。
② 童：一作“僮”。

扫码收听朗诵音频

# 5 笠翁对韵（节选）

［清］李渔

晨对午，

夏对冬。

下饷对高舂。

青春对白昼，

古柏对苍松。

扫码收听朗诵音频

# 6 弟子规（节选）

[清] 李毓秀

房室清，墙壁净，几案洁，笔砚正。

墨磨偏，心不端，字不敬，心先病。

列典籍，有定处，读看毕，还原处。

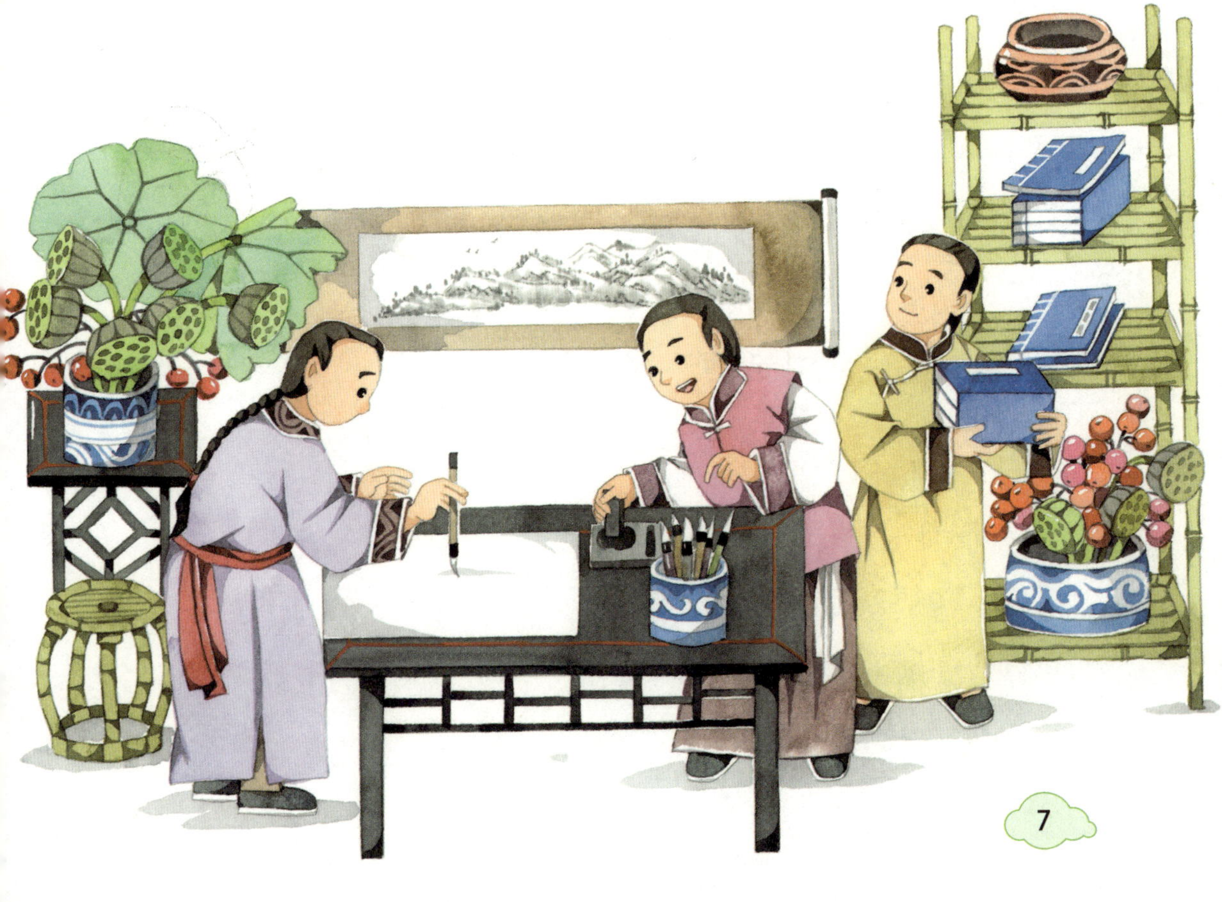

## 小故事 大道理

夏天的傍晚，秋日的午后，我们都曾依偎在妈妈的怀里，听妈妈讲有趣的故事。

故事里的世界真奇妙，让我们读读下面的故事，了解故事内容，谈谈自己的看法。在朗读文章时，要注意对话的不同语气。

# 1 黔(qián)驴技穷

相传，古时候黔（今贵州一带）地没有驴。当地人没有见过驴的样子，更不知道驴是一种什么动物。有个商人看到其他地方都有驴，就用船运来一头驴。可运来后，又觉得没什么地方可用，就把它拴(shuān)在了山脚下的一棵大树上。

山上有一只老虎经常出没。那只老虎第一次见到驴时非常惊讶，觉得它身材高大，以为它是神兽，不敢靠近，只是远远地看着。

过了几天，老虎想看清驴长什么样子，于是小心翼翼地朝驴的方向前进了几步。驴大

“小心翼翼”这个词语用得真好！读这句话的时候要突出这个词语，表现出老虎小心谨慎的样子。

叫起来，声音回荡在山谷间。老虎吓了一大跳，以为驴要吃自己，落荒而逃。

又过了几天，老虎习惯了驴的叫声，大着胆子向驴靠得更近了。它想试探驴有什么本领，便故意在驴面前走来走去。驴呢，好像并没有什么特殊的本领，一切相安无事。

渐渐地，老虎试着拿尾巴抽打驴，拿身体碰撞驴。这下子可把驴惹(rě)恼了，只见驴用后蹄(tí)猛踢了老虎一脚。被踢的老虎却觉得一

点儿也不疼，心想：“原来你只有这点儿本事啊！”于是，老虎大吼一声，猛扑上去，张开血盆大口，痛痛快快地饱餐了一顿。

哎呀，驴被老虎吃掉啦。驴只有这点儿本事，早晚会被识破的。

“黔驴技穷”这个成语比喻虚(xū)有其表的人把很有限的一点儿本领也用完了。可见，只有扎扎实实地学习，不断充实自己，才能获得真正的本领，稳(wěn)步前进。

（刘羽　改写）

# 2 囫囵吞枣

从前有一个年轻人，他在集市上买了很多水果，有黄澄澄的梨子，还有红彤(tóng)彤的枣子。他抱着水果来到一棵树下，狼吞虎咽地吃了起来。他一边吃，一边夸赞道：“梨子香甜枣子脆，真是人间美味啊！”不一会儿，树下便满是梨核和枣核了。

这时来了一位老人，看到这个年轻人一会儿吃梨子，一会儿吃枣子，语重心长地劝道：“年轻人，这些水果虽可口，可不要贪吃啊！梨子对牙齿很好，但吃多了却伤脾(pí)；枣子虽能健脾胃，可吃多了却伤牙齿。”

年轻人一听，觉得老人家说得很有道理。有没有两全其美之计呢？他歪着脑袋，

认真思考着。忽然，他高兴地嚷道：“我有一个好法子！”老人疑惑(huò)地问：“哦？什么好法子？”年轻人得意地说：“很简单！吃梨子的时候，我只用牙嚼(jiáo)，不咽到肚子里去。吃枣子呢，我整个吞下去，不用牙齿咬。这样既不会伤到脾胃，也不会弄坏牙齿了！”说着，他把一个枣子放进嘴里，咕噜(lū)一声吞到了肚子里。老人听完他的话，连连摇头，说道：“你这不是囫囵吞枣吗？”

（刘榕　改写）

# 3 小丑鱼

冰 波

海底有很多的珊瑚礁，这是非常美丽的地方，就像是海底的小森林。

就在珊瑚礁里，生活着各种各样的小鱼。他们一会儿游到这边，一会儿游到那边，好像有风吹着他们似的。

可是有一条鱼，他总是躲在珊瑚礁的缝里，不肯游出来。

大家都在快乐地游着，就是这条小鱼总是很难过。

为什么呢？因为他总觉得自己长得很丑。他说：“我的头太大了，身子太小了，而且嘴巴也很难看。”

在另一个珊瑚礁缝里，躲着另一条小鱼，

他也不肯游出来，他也总是很难过。

为什么呢？因为他也觉得自己太丑了。他说：“我的头太小了，身子太大了，而且身上的花纹很难看。”

两条小丑鱼偷偷地看着别的小鱼游来游去。他们觉得，世界上别的鱼都那么美，只有自己最丑。

有一次，有一条大鲨鱼游过，他厉害的尾巴一摆，卷起很大的漩涡，把两条小丑鱼卷出了珊瑚礁的缝。

两条小丑鱼慌乱地游来游去，都找不到自己躲的珊瑚礁的缝了。

通过“慌乱”这个词，我可以想象到小丑鱼慌张害怕的样子。

他们面对面地碰到了一起。

两条小丑鱼你看看我，我看看你。

头大的小丑鱼对头小的小丑鱼说：“唉，你长得真美呀，头这么小。”

头小的小丑鱼对头大的小丑鱼说：“哪里，你才美呢，有一个这么大的头。”

结果他俩都笑了。

这时候，很多小鱼都游到他们的身边来了。

两条小丑鱼这才注意到，这么多的小鱼，每一条都长得不一样，身上的花纹也不一样。

所有的小鱼都欢迎这两位新朋友。

两条小丑鱼再也不觉得自己丑了，他们和大家游在一起。

珊瑚礁里所有的小鱼都明白了，每一条鱼都不丑，因为每一条鱼都有他们自己的样子。

我也要像小鱼那样及时发现自己的优点。

小鱼们一会儿游到这里，一会儿游到那里，就像风吹着他们似的。

# 4 拉着阳光的手

陈丽虹

金灿灿的阳光照到大地上，他轻轻地抚摸水面，水面就闪着碎银一样的光，漂亮极了。他亲吻(wěn)着花儿，花儿的脸更红了。树挥着叶子欢迎阳光，因为阳光的到来，让花更香，果更甜。可是，有一个小山洞，阳光从来也没有去过。

“阳光，请你到我家来做客好吗？”一天，小山洞大胆地向阳光发出了邀(yāo)请。

“可以呀！”阳光爽(shuǎng)快地答应了。阳光是无私的，他总会尽量满足大家的要求。

可是阳光只走到了山洞口，就不走了。

“进来呀！我有点儿冷，需要你来温暖我。”小山洞有点儿不好意思。

“可是，我进不去，我不会拐弯呀！”阳光很着急，“我也想逛逛小山洞。”

“唉！这可怎么办呢？”小山洞一点儿办法也没有。

小山洞里住着一只老鼠，年纪很大了，病恹(yān)恹的，他也想好好晒晒太阳，可他已经走不动了。

“别急呀，阳光！让我拉着你的手，一起去逛逛吧。”一面小镜子说。

“你没有手，没有脚，怎么可以拉着阳光

走？别吹牛了！”小山洞不相信小镜子的话。

“嘿嘿！”小镜子什么也不说，只是站在阳光下，就把阳光带进了小山洞，拉着阳光逛起来。

小山洞被阳光照亮了，他感到温暖极了。老鼠也看到了久违的阳光，病一下子就好了。

“有阳光真好呀！”老鼠说。

“小镜子真了不起！他能带着我转弯！”阳光赞叹着，“以后我会常跟着他四处走走的。”

# 5 一棵大树

方崇智

河边上有棵小树，渐渐地长成了大树。

有一天，大树低下头，看见田野、村庄跟河流是那么矮小，禁不住兴奋地高喊：“看啊，我是多么高大！”

河水哗哗地响着，对大树说道：“可是，你背后的大山，比你高得多呢！”

大树回头一看，果然背后有座大山，高高地耸立着。

大树看着高山，问道：“您那么高大，为什么不骄傲呀？”大山响亮地回答：“空中的白云，比我高得多呢！”

大树抬头一看，果然空中还有白云，在山顶上悠悠地飘荡。

大树对着白云问道："您飞得那么高，为什么不骄傲呀？"白云亲切地回答："天上有太阳，比我还要高呢！"

大树仰头一看，果然云上还有太阳。只见太阳一声不响，正从高高的天上把光芒洒向大地，而且它的目光始终是投向大地的。

听说，从此以后，大树再也不骄傲了！

# 6 大象和他的长鼻子

张秋生

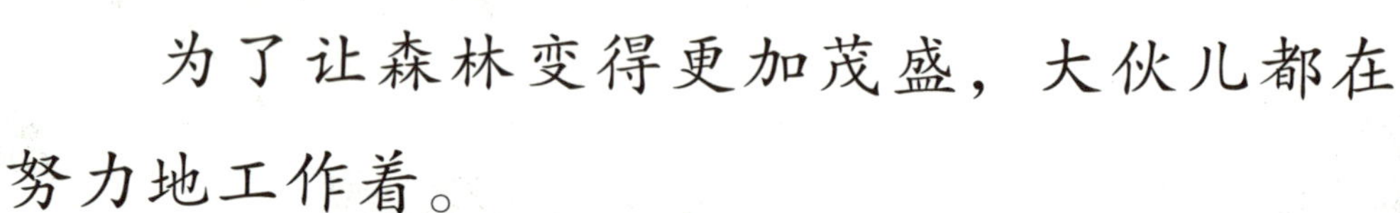

为了让森林变得更加茂盛，大伙儿都在努力地工作着。

啄木鸟每天天不亮就起来，在这棵树上啄啄，在那棵树上敲敲，他尖利的长嘴，使害虫没有藏身之地。

小猴呢，整天从这棵树跳到那棵树，他手脚不停，把缠在树干上的细藤扯下来，让树木长得更粗壮一点儿。

小松鼠更忙了，他用自己的尖牙把一球球松果咬下来，然后再用爪子把土刨开，把松球埋下去——他在植树呢！

唯有大象没活干，他整天游荡。大家问他为什么不干活，他说：“我没有啄木鸟的

长嘴，也没有小猴的巧手和小松鼠的尖牙利爪，我能干什么呢？”

有一天，大象被地上的枯树干绊了一跤，他气极了，就用鼻子卷起枯树干，把它扔得远远的。

> 大象对自己能干什么产生了质疑。朗读时，要注意读出疑问的语气，试着和同学读一读吧。

就在这一刹那，大象发现自己有鼻子，有长而有力的鼻子。

他高兴地告诉啄木鸟、小猴、小松鼠：“我发现我有鼻子……”

大伙儿不明白，都笑了起来：“你本来就有鼻子！”

“对，但我忘了我有鼻子，忘了我的鼻子也能干活！”大象高兴地说。

于是，他用鼻子卷走了森林里横七竖八的枯树干，给小松鼠腾出了更多播种的地方。

不久，在原先堆着枯树干的地方，长出一棵棵小绿苗。

大伙儿夸奖大象有一个非常能干的鼻子。

大象偶然发现了自己鼻子的用途。我要把这个故事讲给我的朋友听。

下面为同学们选了三篇文章：《洛阳纸贵》《屋顶上的小树》《飞翔的小布谷鸟》。阅读文章，要注意积累词句，还要理解故事内容，思考其中的道理。如果你能画出故事发展的思维导图，借助思维导图讲故事，那就更棒啦！

# 1 洛阳纸贵

晋武帝太康年间，京城洛阳的纸张价格一下子贵了起来，这是怎么回事呢？原来著名的文学家左思创作的《三都赋（fù）》在洛阳广为流传，人们对这部作品赞不绝口，文人墨客争相抄阅，使洛阳纸张的价格都贵了起来。这就是“洛阳纸贵”的典故。

左思小的时候，身材矮小，貌不惊人，说话还有些结巴，成绩也平平常常。他先后学习了书法和琴艺，都没有取得什么成就。

因此，他的父亲很看不起他，有一次竟当着朋友的面说："这孩子一点儿也不聪明，还不如我小时候呢！"左思听了父亲的话，既惭愧(cán kuì)又不服气，他想：我一定要刻苦学习，成为让父亲骄傲的儿子！从此，他便潜下心来，用功读书。几年过去了，左思终于写出

一手好文章，并且以辞藻(zǎo)华丽而小有名气。他写的《齐都赋》文笔流畅，用词典雅，令许多人都大为赞赏。

左思并没有安于现状，他决心依据事实和历史发展，以三国时期的风土人情为对象，撰(zhuàn)写一部《三都赋》。为了写好这篇赋，左思收集了大量历史、风土人情的资料，埋头苦读各种典籍。为了创作出好的作品，他远离闹市，忍受着寂寞(jì mò)，专心著书。为了便于写作和修改，他在房间、庭院、厕所等地方，都放上纸和笔，只要想到好的句子，就马上写下来。经过反复修改，精心推敲，历经整整十年，左思终于写成了轰动一时的《三都赋》。

（刘丽丽　改写）

# ② 屋顶上的小树

金　波

老爷爷家的院子里，长着一棵树。

老爷爷家的屋顶上，也长着一棵树。

屋顶上的树，站得比谁都高，它就以为自己是这世界上最高的树啦！

有一天，下雨了。有一只小鸟飞过屋顶，看见了屋顶上的那棵小树，就落在上面想避避雨。

小树扭扭身子说："干吗在我这儿避雨呀！看你满身都是泥，把我弄脏了怎么办？"说着，它就把小鸟赶跑了。

院子里的那棵树悄悄地长啊长啊，都长到房檐那么高了。它看见了屋顶上的那棵小树，很有礼貌地说："小树，我看见你了，

你原来是长在屋顶上的树啊！”

小树很不高兴，扭扭身子说：“那又怎么样，反正我比你高！”

院子里的那棵树什么话也没说，还是悄悄地长啊长啊，都赶上屋顶上的那棵树了。

夏天来了，常常下雨。老爷爷的屋顶漏雨了，他请人来帮助修理屋顶。

有人发现了屋顶上长着一棵小树，就奇怪地说：“真没见过屋顶上还能长树！它永远也长不大，拔了算了！”

小树听了，吓得直哆嗦。

老爷爷听了，忙说：“等等，等等。让我来，让我来。”

说完，他就上了屋顶，轻轻地从瓦缝里把小树连根带土铲了起来。

老爷爷把小树移栽到院子里，现在，它也是一棵长在地上的树了。

它虽然还很矮小，可是，它天天都在长高，长高。它盼望着能赶上身边的那棵树。

它还盼望着那只被它赶跑了的小鸟，能再飞回来避雨，它有许多话想跟小鸟说……

# 3 飞翔的小布谷鸟

刘 奇

布谷鸟看到小布谷鸟的羽翼渐渐丰满了，于是把他推到了鸟窝边。

小布谷鸟惶恐地朝大树下看了看，如临大敌："妈妈，我怕！"

"傻孩子，鸟儿哪有不飞翔的？"布谷鸟怜爱地用喙梳理着小布谷鸟的羽毛，"来，我扶着你飞。"

小布谷鸟被妈妈抓着飞出了窝，他害怕地闭着眼睛，不敢扇动稚弱的双翅。

鸟妈妈飞到空中突然松开了爪子。小布谷鸟迅速坠落下去，眼看就要摔到地上了。小布谷鸟竭尽全力扑打翅膀，才落在了一根树杈上。

“好样的！”布谷鸟兴奋地给孩子鼓劲，“你马上要成功了！加油呀！”

“不，妈妈，太可怕了，您快背我回家吧！”小布谷鸟大哭起来。

远处飞来一只断了线的风筝。

小布谷鸟问：“美丽的风筝，你飞得那么潇洒轻盈，有什么秘诀吗？”

风筝说：“我飘飘摇摇，自在惬意，全靠风的力量。借助别人的力量就是我飞翔的秘诀。”

突然，一阵大风吹来，风筝被刮到树干上，落入了旁边的水池里，渐渐沉没了。

“孩子，飞翔如果总依赖别人的力量，结局就会像那只风筝一样悲惨！”

小布谷鸟久久地凝视着那片平静的水面，说：“妈妈，我明白了！”小布谷鸟终于以飞翔的姿态展开翅膀，勇敢地跳下了树枝。

## 阅读实践

### 活动一

读了这三个故事，找出你觉得用得好的词语圈画出来，并记录在下面相应的树叶上吧！

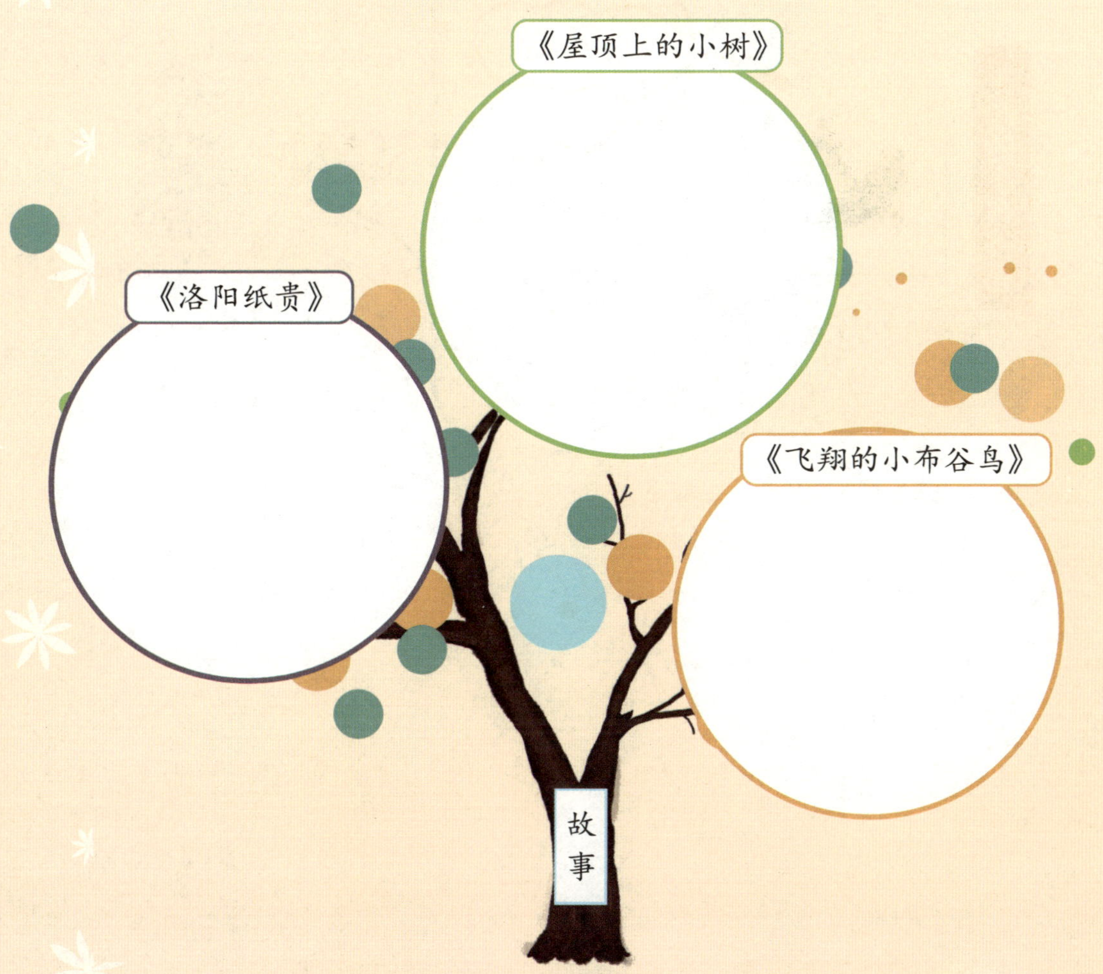

## 活动二

读完《飞翔的小布谷鸟》，我们可以借助下面的思维导图来讲讲这个故事。请你也和小伙伴一起选一个故事，画画思维导图，再来讲讲故事。

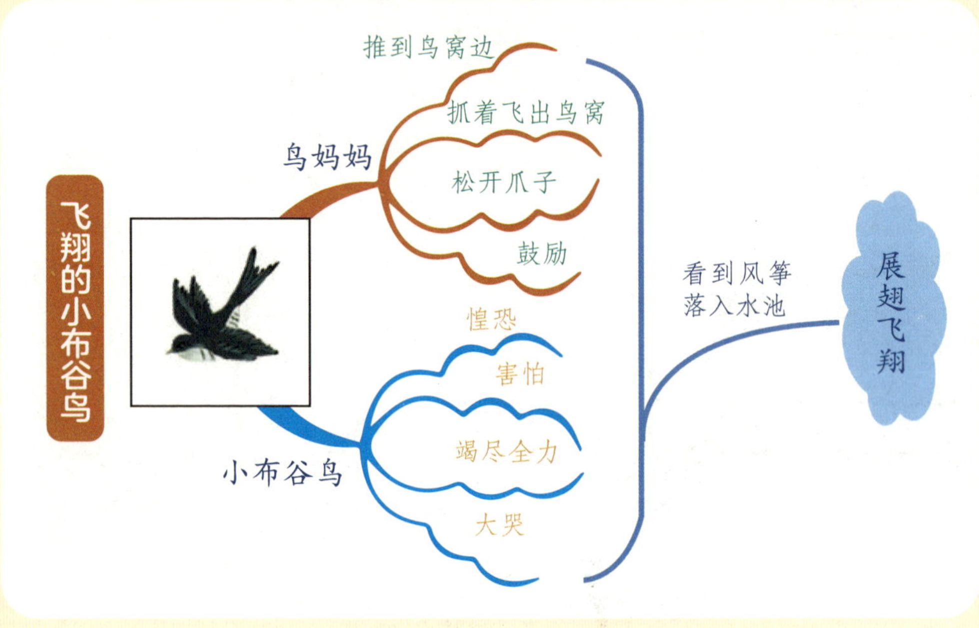

## 活动三

读完这三个故事，你读懂其中的道理了吗？想一想，再连一连。选择你最喜欢的一个故事，联系生活实际，在小组里讲讲自己的想法。

《屋顶上的小树》

不能过分地依赖别人，要注重培养独立性，学会思考，独立生活。

《洛阳纸贵》

指著作有价值，流传广，风行一时。

《飞翔的小布谷鸟》

在成长过程中，失落时，总会有人用温暖的爱扶持着我们，帮助我们重新认识自己。

# 大自然的奥秘

天上的云彩变化多端，夜晚的星空神秘莫测。大自然真是个魔术师，处处展示着它的神奇。它那无穷无尽的奥秘，正等着我们去发现、探索！

读读下面这组文章，看看你能提取到哪些信息。记得联系生活经验，了解文章内容，还要在语境中体会词语运用的好处，积累词语。

# 1 二月十一日夜梦作东都早春绝句

[宋]杨万里

道是春来早，
如何未见春？
小桃三四点，
偏报有情人！

读了这首诗的后两句，你眼前出现了一幅怎样的画面？

# 2 绝句漫兴（其五）

[唐]杜甫

肠断春江欲尽头，
杖藜徐步立芳洲。
颠狂柳絮随风去，
轻薄桃花逐水流。

# 3 我的新朋友：霜

傅天琳

我们的花园
今天特别漂亮，
像一个小姑娘，
满脸抹着香香。

她水水的，是露，又不是露；
她蒙蒙的，是雾，又不是雾；
她白白的，是雪，又不是雪；

她站在秋天最后一个路口，
很有礼貌地对我说，
冬天的门，还差一点点
才打开呢！

我又认识了一个新朋友，
妈妈告诉我，
她的名字叫：霜。

# 4 预报天气的雨蕉

童　言

要想知道天气的变化情况，不一定要看“天气预报”，大自然中有很多东西会告诉我们答案。比如，“要想知道天下不下雨，先看雨蕉哭不哭”。雨蕉就是能够预报天气的一种植物。

朗读文章，说说雨蕉是怎样预报天气的。

在美洲的多米尼加，人们都会在自家门前栽上几棵雨蕉，外出前看一看，可以判断天气的阴晴状况。这种树木在当地十分常见。

雨蕉是怎样预报天气的呢？原来，雨蕉的叶片和茎(jīng)干的表皮组织十分细密，全身好像披上了一层防雨布。下雨前，空气湿度很高，雨蕉体内的水分很难靠平日的蒸(zhēng)腾作用散发出去，于是便从叶片上溢泌(yì mì)出来，形成水滴，不断地流下来。这就是人们所说的雨蕉在“哭泣”了。因为雨蕉“哭泣”以后都要下雨，所以人们便把雨蕉“流泪”当作要下雨的征兆。

大自然总是那么神奇，生活的有心人总能从中收获学问。

# 5 宇宙尘埃和星云

贺维芳

这是一粒名叫点点的宇宙尘埃，他个子小小的，小到人们的肉眼几乎看不见他。

点点在宇宙中游荡。他看到光芒四射的恒星，又看到巨大的行星和围着行星不停旋转的卫星，心里很失落。

“唉，小小的我，一点儿用处也没有，谁也看不见我！”点点越想越难过。

这时，远处来了一艘宇宙飞船。他一边飞，一边感叹：“浩瀚(hàn)的宇宙，太神奇了！”

点点失望地自言自语：“唉，从地球上来的客人，根本就不知道宇宙中有我的存在呢！”

忽然，点点又听到宇宙飞船遗憾(hàn)地叹息：“唉，宇宙中的星星相隔那么远，总让人感觉缺少一点儿什么。”

点点忍不住大声喊：“还有我呢！我在这儿！”

可是点点的力量太小，喊出来的声音宇宙飞船根本听不到。这时，许许多多的尘埃来到点点的身边，对他说：“朋友，我们一起喊，地球上来的客人一定能听到！”

“哈哈，这么多伙伴啊！”点点一下子来了精神，他加入伙伴们当中。太阳光照在他们身上，点点觉得浑身暖暖的，有了力量。于是，点点和伙伴们一起高喊：“嘿，地球上来的朋友，看看我们！我们在这儿呢！”

宇宙飞船被喊声惊动了，他侧过脸望向点点和他的伙伴们，一下子呆住了：“天啊，这么美丽的风景！这不是传说中的星云吗？”

“我是宇宙尘埃，可不是什么星云！”

点点忍不住笑道。

宇宙飞船急得大喊："就是星云，最壮丽的景色！"

宇宙飞船认真的样子不像在胡说八道，点点困惑地说："我真的是很小很小的宇宙尘埃啊，你到底把我看成什么了？"

宇宙飞船把一沓(dá)照片抛给点点，点点拿起来一看，也惊呆了："天啊，我和我的伙伴聚在一起，真的就是星云？"

宇宙飞船赞叹道："想不到，最不起眼的尘埃，竟然能把单调的太空打扮得绚(xuàn)烂多彩！"

点点知道自己可以和伙伴们一起组成这么美丽的景象，他不再自卑(bēi)，他感到了从来没有过的幸福和自豪。

"自卑"和"自豪"是一对反义词，通过它们，我读懂了点点心理的变化。

# 6 宇航员在太空怎样洗澡

童 言

宇航员在太空洗澡跟在地球上洗澡是不一样的。在太空环境里，一切物体都没有重量，水不会像在地球上那样自动从喷头往外喷、向下落，而是喷出来后到处飘。

那么，科学家是怎样解决这个问题的呢？他们给水加足压力，逼着水向外喷，就像用高压喷雾器那样，并根据这个原理设计了一套专门的太空淋浴设备。这是一个奇怪又好玩的设备：它是一个圆桶，宇航员钻进桶内，拉上密封拉链，双脚伸进固定在桶底的一双特殊拖鞋内，就可以站得很稳，不至于飘起来。宇航员打开桶顶的喷头，加了压力的热水就会喷出来。因为水珠在桶内乱飞，很容易钻进宇航员的鼻孔里，影响呼吸，所以宇航员在打开喷头之前，还要把呼吸器套在嘴和鼻子上，防止水珠进入气管。有了这样的洗澡设备，宇航员就可以舒舒服服地洗澡了。

在太空洗澡这么好玩，如果有一天你也成了宇航员，一定要好好体会一下在太空洗澡的感觉！

原来宇航员是这样洗澡的呀，我要画出关键的词语，讲给我的好朋友听。

# 1 走进大山

北董

走进大山，便会看到水——山脚下有河，山腰里有瀑布，山洞里有泉。山清水秀，到处都是好风景。

走进大山，便会看到树木、竹林，还有许多草药和叫不出名字的花草。每座大山，都是一个植物园。

走进大山，便会看到飞禽(qín)走兽，还有许多昆虫。每座大山，都是一个动物园。

走进大山，你也许看不出它还藏着金银铜铁、云母石英。每座大山，都是一个秘密仓库。

我爱大山。我爱大自然。

# 2 银河

郭风

明亮的河流啊，在你的河水里，有很多的鱼和水草吗？有小孩子跳下去游泳吗？

有汽船在那里来往吗？有结着长长的队伍的木筏(fá)，从上流驶下来吗？

明亮的河流啊，在你的河滨(bīn)，有沙滩和很多的贝壳吗？能不能在沙滩上打滚？有小孩子在那里拾贝壳回去做标本吗？

河岸上种树吗？那里有高大的榕树，树

上有很多喜鹊的窝吗？

明亮的河流啊，你的河滨有码头吗？码头上停着像三层楼那样高大的起重机吗？那里堆积着很多很多的货物吗？

有指挥交通的警察吗？他们也吹哨子吗？

我能仿照文中的句子提几个问题。

# 3 七彩的星空

童　言

朋友，你说天上的星星都是一种颜色吗？哈哈，不是的，天上的星星其实有很多种颜色。这天，小红马和小黑牛就为这事儿争了起来。小黑牛说："天上的星星明明看起来都是黄色的，怎么会是各种颜色的呢？"小红马说："不对，天上的恒星应该是五颜六色的，我在一本书上看到过。"

他们找到了住在山林里的小野猪，请他用天文望远镜看一看。小野猪拿出了望远镜，朝着宇宙观望，天上的星星竟然真是五颜六色的！有白色、蓝色、红色、黄色、绿色的，还有橙红色、蓝白色的，就像光彩诱人的明珠。他们都纳闷极了，这是怎么回事呢？星星为什么会有这么多颜色？为什么我们平时看到的只有黄色呢？

他们想来想去，每个人又亲自用望远镜看了一遍，都找不出缘由。就在这时，金孔雀从天上飞来，说道：“哈哈，这没什么好奇怪的，星星的颜色跟它们表面的温度有关。不信，你们跟我来，我带你们去看看！”

动物们跟着金孔雀翻过了一座座山，来到一个炼钢厂。工人们正在炼钢，只见那些钢水随着温度的变化，出现

了各种颜色：刚开始钢水在钢炉里，由于温度很高，呈现蓝白色，等钢水出炉后，随着温度降低，颜色变为白色，接着变成黄色，再变成红色，最后变成了黑色。“你们看，物体的颜色是受温度影响的。”金孔雀说，“天上的星星也是这样，不同天体表面的温度不同，发出的光就不一样。因为它们距离地球很远，加上大气层的折射作用，我们用肉眼看上去就都是一种颜色了。”

小动物们出神地听着，不禁豁(huò)然开朗，原来是这样呀，星星的颜色是跟温度有关的！小红马赞叹道：“金孔雀，你真是见多识广！”

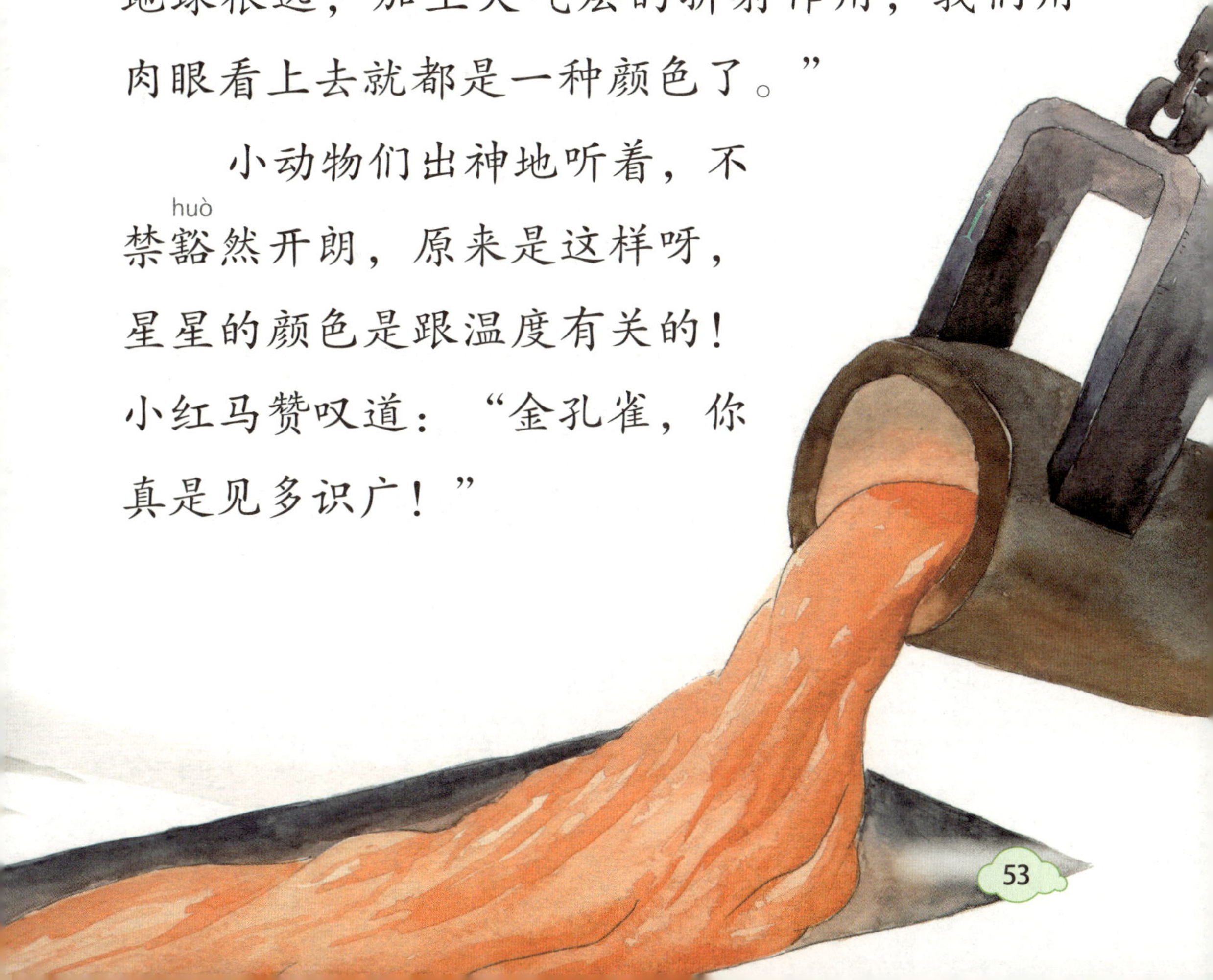

# 4 月亮婆婆和小鱼儿

滕毓旭

月亮山下有一个月亮湖，每天夜里，月亮婆婆就从山上走下来给小鱼儿讲故事。这天晚上，鱼儿们早早来到月亮湖广场。

这时，一道银光升起，月亮婆婆又来到月亮山上。突然，天变黑了，月亮婆婆不见了。

“怎么回事？”鱼儿们全惊呆了。

一条小鲤鱼大哭起来：“月亮婆婆被天狗吃了，以后再也听不到她讲故事了。”小鱼儿们都哭了，大泪珠落在湖里，溅起一朵朵水花儿。

这时，天又亮了起来。

“呀，月亮婆婆还在呀！”鱼儿们高兴

得全跳了起来。这时月亮婆婆慢慢地从月亮山上走了下来。

小鲤鱼抓住月亮婆婆的手，不解地问：“刚才您为什么不见了？是不是真的让天狗吃了？”

月亮婆婆笑了，她说：“哪有什么天狗呀？刚才是发生月食了。”

“月食？什么叫月食？”

月亮婆婆解释说：“月亮和地球都不发光。每天，地球绕着太阳转，月亮又绕着地球转。当地球转到太阳和月亮中间，三个排成一条线时，太阳照在月亮上的光被地球挡住了。人们把这种现象叫作月食。”小鱼儿们听了，都长舒了一口气。“好了，现在我给大家讲故事吧。”月亮婆婆想用故事赶走小鱼儿们心里的阴影。

你见过月食吗？读一读月亮婆婆的话，讲一讲月食产生的原因。

小鱼儿们都乖乖坐好。于是，月亮婆婆那甜甜的声音、那美美的故事，又开始在月亮湖上飘荡……

# 悄悄地改变

改变，是一支欢快的歌谣，在岁月的流逝中荡漾着美妙的旋律；改变，是一条蜿蜒的小路，在岁月的年轮里记载着你我成长的足迹；改变，是换一种思路思考问题，问题就会迎刃而解……

阅读本组文章，我们要在读熟文章的基础上，借助提示理清故事的顺序，并学会借助提示语讲故事。

## 1 烦恼的大角

冰 波

有一头小鹿，他头上的角长得特别大。

“我好烦我有一对大角。”小鹿对自己说。

是啊，特别大的角会有特别多的麻烦。

大家都到小兔家去做客，只有小鹿进不去，因为他的角太大，门太小了。

他到市场里去玩，当他走出市场的时候，很多摆摊的摊主追上来了，抓住小鹿：“喂，你这个小鹿，怎么乱拿我的商品啊？”小鹿说：“我没有拿啊！”原来，他一边走，他的大角一边把人家挂着的商品都钩下来了，连他自己都不知道。

有一次，小鹿摔了一跤，他的大角插进了泥地里。他就这样四脚朝天待了好久，太阳把他的肚子晒得好烫，直到大家把他救起来。

“我的大角真是好烦哪。”小鹿想，“它到处惹麻烦，我的大角真不好……”

小鹿这么想着，伤心地哭了起来。

哭着哭着，小鹿睡着了。

当小鹿醒来的时候，看到很多小伙伴围着他，朝他笑。

小鹿说：“你们为什么看着我笑？是不是在笑我的惹麻烦的大角？”

大家听了他的话，笑得更厉害了。

原来，小鹿的角上晒着很多东西。

小猫在晒她的蝴蝶结，小松鼠在晒她的围巾，小兔在晒她的手帕。还有，手套是鼹鼠的，鞋子是小猴的，小背心是小熊的。

小猫拿出一面小镜子，交给小鹿：“你自己看看吧。”

朝小镜子里一看，小鹿自己也惊奇得叫

出声来："啊！"

大家说："小鹿啊，你的大角真有用，我们都需要它。"

小鹿也高兴地说："上面晒着这么多东西啊，让我来猜猜，它们都是谁的。"

当然啦，小鹿的大角可不只是晾晒东西的。

有一次，有几只小鸟在小鹿的大角上做了窝。小鸟说："以后，我们就做邻居吧，你到哪儿，我们也到哪儿。"

还有一次，天气太热了，小鹿在大角上撑了一大块布，小伙伴们都到小鹿的身边来乘凉。

最棒的一次是在圣诞节，好多小伙伴都往他的大角上系礼物，原来大家把他当成了一棵圣诞树。他一边走，大角上的礼物就叮叮当当响，那种感觉真是好极了。

"现在，我好喜欢我的大角啊。"小鹿对自己说。

# 2 小乌龟探亲

刘保法

一只小乌龟在山里慢悠悠地爬着。

啪的一声，什么东西重重地砸在他身上。小乌龟抬头一看，原来是一只小猴子在一棵桃树上摘桃子。小猴子一边摘一边吃，看见小乌龟走过，就用桃核儿砸小乌龟取乐。

“你为什么砸我？”小乌龟有点儿不高兴。

小猴子笑着说：“我看你急匆匆埋头走路，怕你一头撞到了树干上呢！”

小乌龟不再理他，继续赶路。

“喂！”小猴子又叫住了小乌龟，“你走得这么急，究竟要到哪里去呀？”

小乌龟很动情地说：“我要去看望妈妈，离开妈妈很久了，真想她！”

“像你这么慢吞吞的，要到哪年才能见到妈妈呀！”

“没关系，只要能见到妈妈，我就不怕。”

“可你怎么空着手，没带礼物呀？瞧我，我也是去看望妈妈，我要给妈妈摘上满满一大篮子桃子呢！”

“不要紧，对妈妈来说，孩子能常去见见她，就是最好的礼物。”

“真是个小气鬼！”

这回，小猴子笑得更厉害了，一边笑，一边又用吃剩的桃核儿朝小乌龟的背上砸去。小乌龟见小猴子这么没礼貌，便不再理睬他，只顾自己慢悠悠地向山外爬。

爬呀爬呀，秋天来了。冷冷的秋风吹着，秋果、秋叶落在他身上，他不怕，只顾自己慢悠悠地向山外爬。

爬呀爬呀，冬天来了。漫天的雪花飘着，泥泞的冰雪压在他身上，他不怕，只顾自己慢悠悠地向山外爬。

爬呀爬呀，春天来了。温暖的春雨落着，背上的桃核儿钻出了绿芽，开出了红花，他也没注意，只顾自己向山外爬。

爬呀爬呀，夏天来了。夏日炎炎，背上的桃树越长越大，开始结果了，他还是只顾自己慢悠悠地向山外爬。

小乌龟终于爬到了妈妈家。他扑到妈妈怀里，不好意思地说："妈妈，我没带礼物。"

"傻孩子，妈妈能见到你就是最大的快乐。"乌龟妈妈紧紧搂住小乌龟，激动地说，"再说，你不是带来了礼物吗？看，多珍贵、多奇特的礼物呀，满树的鲜桃呢！"

"礼物？满树的鲜桃？"小乌龟惊奇地挠着后脑勺。

乌龟妈妈笑眯眯地朝小乌龟背上使了个眼色。小乌龟回头一看，怪呀，自己果真背着一棵绿生生的桃树，桃树上结着数也数不清的鲜桃呢……

# 3 再见，小刺猬

吕丽娜

小熊散完步回家时，看见路边蹲着一只小刺猬。小刺猬缩成一团，看上去又冷又饿又难过。

小熊很想把小刺猬抱在怀里，让她暖和一点儿。可是，你该怎么去抱一只浑身是刺的小刺猬呢？

而且，这只小刺猬的刺看起来很不一般呢，一根根像钢针一样竖着。小熊试着伸出爪子碰了一下，痛得立刻缩了回来。

“跟我来吧！”小熊叹了口气说。

小刺猬犹豫了一下，还是跟着小熊走了。

一回到家，小熊立刻就生起了火，把小刺猬安顿在最暖和的那个角落里，还细心地在她的脚边放了一个软软的小垫子。

小刺猬一声不吭(kēng)地烤着火。小熊突然发现一件奇怪的事情：小刺猬身上的刺变样了！它们看上去变得柔软了一些，不像钢针了。小熊好奇地伸出爪子碰了一下，这次果然没被扎痛。

小熊端出一大杯热巧克力。小刺猬急急地大口喝起来，看来她的确饿坏了。

“慢一点儿，别呛(qiāng)着。”小熊温和地说，还用他的大手帕帮小刺猬擦擦嘴角。这

时，他发现小刺猬的刺好像变得更柔软了，看起来像用橡皮泥捏成的一样。

“我妈妈不喜欢我了！”喝完最后一滴巧克力，小刺猬忽然开口了，“她答应给我买溜冰鞋，结果却忘得一干二净。我只不过说我不想吃青菜，她就冲我发火。我考了一百分，她也没表扬我……”

小熊默默地听着，心里纳闷：一只小刺猬要什么溜冰鞋？不过，小熊什么都没问，只是站起来，在小刺猬的杯子里重新加满了热巧克力。

“听我说，小家伙，”小熊慢慢地说，眼睛盯着炉火，“你的妈妈今天也许非常累了，也许她上班的时候遇到了不开心的事，也许她身体不舒服。你知道吗，做大人是很辛苦的事。不过，我保证，你的妈妈还是像从前一样喜欢你。”

小熊说完抬起头，他惊讶地发现：小刺猬身上的刺不见了，转眼间变成了一个小女孩！

“谢谢你，亲爱的小熊！”小女孩说，“是我不对，我不该生妈妈的气。我一生气就会变成小刺猬。现在我要回家了，妈妈一定等急了。”

小熊给了小女孩一个大大的拥抱。

“再见，小刺猬！”小熊笑嘻嘻地说。

# 4 森林百货店

冰　波

猩猩在森林里开了一家最大的百货店，那是一座百货大楼。

小兔子在森林里开了一家最小的百货店。

这天，长颈鹿来到了百货大楼。他对猩猩说："我想买一条围巾。"

猩猩说："哈哈，你的脖子这么长，哪里有这么长的围巾！没有，没有。"

小兔子知道了，就把长颈鹿请到了自己的店里。

小兔子把好几条毯子接起来，做成了一条长长的围巾。长颈鹿一试，正合适。

河马来到百货大楼，说："我想买一只口罩。"

猩猩说："哈哈，瞧你那么大的嘴，哪里会有这么大的口罩！没有，没有。"

小兔子知道了，就把河马请到了自己的店里。

小兔子找出一张吊床，拿给河马："请试试这个吧。"河马一试，正合适。

大公鸡也来到了百货大楼，他对猩猩说："我想买一顶帽子。"

猩猩说："哈哈，你的头上有冠，还想戴帽子吗？没有，没有。"

小兔子知道了，就把大公鸡请到了店里。

小兔子拿出了一只手套："试试这个吧。"大公鸡一试，正合适。

就这样，小兔子的百货店顾客越来越多，猩猩的百货大楼顾客越来越少。终于有一天，森林百货大楼的老板变成了小兔子，而那家最小的百货店的老板，变成了猩猩。

# 5 不理妈妈的鸡蛋

张秋生

有只鸡蛋，刚刚落地就觉得自己了不起。

他不想理妈妈，他觉得母鸡妈妈太傻气。

小鸡蛋在地上连滚带跑，母鸡妈妈在后面追，她说："小鸡蛋，别跑，让妈妈把你孵成一只美丽的小公鸡！"

小鸡蛋回头说："我才不想当小傻公鸡，我想当孔雀，当鸵鸟，我还想当神气的怪龙……"

"你是小鸡蛋，只能孵成小小鸡！"

"我不信！"

小鸡蛋一下子钻进草丛，鸡妈妈再也找不到他了。

我能猜到，小鸡蛋逃走后肯定会经历许多困难。

鸡妈妈问青蛙，问蜥

蜴，问小鸭，大家都说没有看见她的小鸡蛋。鸡妈妈只好哭哭啼啼地回家了。

小鸡蛋在草丛里躲了半天，等鸡妈妈走远了，他才跑了出来。

小鸡蛋跑哇跑哇，他要去大怪龙的家。

前面有幢大房子。啊，大怪龙的家到了。大怪龙妈妈正好下了一窝蛋，她要孵她的小怪龙宝宝。

孵蛋前，怪龙妈妈上湖边喝水去了。她要喝很多很多的水，这样她孵蛋久了也不会口渴。

小鸡蛋趁这个时候赶快躲进这些大大的怪龙蛋中间。他心想，等会儿怪龙妈妈一孵，就能把他孵成一条小怪龙了。

怪龙妈妈回到家里，就蹲在怪龙蛋上，专心地孵蛋了。孵哇孵哇，蛋一个个变得暖暖的了。

“咔啦”“咔啦”，一只只蛋壳开始碎裂，一条条小怪龙出世了。

最后，从一个小小蛋里出来的，不是小怪龙，而是一只小小鸡。

怪龙妈妈又惊奇又高兴，她一下子抓住了小小鸡，把他关进一个笼子里。

怪龙妈妈说：“我要把这只小小鸡养大，把他做成一盘炒鸡丁，让我的小怪龙们吃了增加点儿营养！”

多么狠心的怪龙妈妈，小小鸡给吓坏了。

夜晚到了，小怪龙们依偎在妈妈的身边，睡得很香甜。可是装着小小鸡的笼子被放在怪龙家的院子里。

小小鸡躲在笼子的角落里，四周黑黑的，风吹来冷冷的，小小鸡真害怕，他开始想念自己的妈妈了。

正在这时，小小鸡听到一阵窸(xī)窸窣(sū)窣的声响。原来是一只狐狸来偷东西，他瞧见笼子里有只小小鸡，可高兴了。狐狸咬破笼子，把吓得直抖的小小鸡塞进他的布口袋里。

太阳出来了。狐狸背着小布袋在路上蹦蹦跳跳地走着，他想快点儿回家吃烤小鸡。

可是，狐狸不知道，他的小布袋上有个

小洞，小小鸡使劲地啄呀啄呀，他把小洞越啄越大。最后，小小鸡从洞眼儿里钻出来，一张翅膀，就轻轻地跳落在地面上。那只傻狐狸还哼着歌向前走着，一路还想着烤小鸡呢。

小小鸡连蹦带跳地跑哇跑哇。小小鸡跑到了鸡棚外，他一眼就瞧见了正在伤心的母鸡妈妈。小小鸡一下子扑进鸡妈妈的怀里，把鸡妈妈吓了一跳。

小小鸡说："我就是你逃走的小鸡蛋，是怪龙妈妈孵出了我，是坏狐狸偷走了我，是布袋上的洞救了我，我终于回到亲爱的妈妈身边了。"

鸡妈妈一听，高兴极了，她张开翅膀紧紧地搂住自己的小鸡宝宝说："小小鸡，妈妈可想你了！"

小小鸡觉得，世界上再也没有比待在妈妈的翅膀下更舒服、更温暖的了。

# 6 小和大

[苏联]苏霍姆林斯基

小牛生下来没几天，就能自己去四处玩儿了。他来到院子里，看见兔妈妈领着孩子们做游戏。

“你是谁呀？”小牛问。

“我是兔妈妈。”

小牛感到奇怪极了。

“你这么小，就当妈妈了？”小牛怎么也不相信这是真的，接着又问道，“那你的孩子呢？”

“小牛感到奇怪极了”，试着读出奇怪的语气。

“瞧，这些都是！”兔妈妈指着身边的小兔说，“那么，你是谁呀？”

小牛回答说：“我是小牛，生下来才几天。”

“怎么，你才生下来就这么大了？”兔妈妈感到很惊奇。

“可你这么小，怎么就做妈妈了呢？”小牛说。他想，世界上的怪事还真多呢！

（韦苇 译）

我知道了“大”和“小”是相对的，世界是多么奇妙呀！

# 7 沉默的仙人球

贺维芳

花房里，摆满了漂亮的花盆，里面种着虎皮兰、富贵竹、文竹、水仙等各种绿色观赏植物。虎皮兰和伙伴们每天都在展示各自的风姿，炫耀自己的身份。

在花房角落里，仙人球蹲在一只普通的花盆中，默默无语。

这天，大家又在炫耀闲聊，富贵竹偶然看到了仙人球，他找到了新话题。

“看看呀，这个浑身长刺的家伙，真丑！”

虎皮兰也连连晃动着自己肥厚的大叶片，不屑地说：“啧啧，连一片叶子都没有。”

仙人球小声反驳了一句：“我的刺就是我的叶子。”

虎皮兰大声说：“满身长刺，真难看！”

仙人球本想再辩解，但他忍住了，没有说话。他想：“做好自己的事就好，光说空话有什么用呢？”

文竹晃晃苗条的身体，让自己云一样的身姿更加惹眼。他说：“仙人球哇，你要是像我一样有一副好身材也行啊！可惜……”

仙人球没有理会文竹的话，他在默默地准备着什么，似乎在积攒力量。

水仙离仙人球最近，他的叶片之间已经探出了许多青白色的小花，散发着清香。

水仙骄傲地对仙人球说：“看见了没有？作为观赏植物，不但要有好看的叶子，还要有花，就像我这样。”

仙人球还是不言不语。大家纷纷说：“真是一个无趣的家伙！”

一天，富贵竹一觉醒来，忽然被眼前的

情景惊呆了。只见仙人球绿色的圆球上，密密麻麻的尖刺中间，不知什么时候开了五朵粉红色的花，娇艳动人。

水仙怯怯地问："仙人球，你原本那么平凡，怎么突然之间绽放出那么美丽的花？你是怎么做到的呢？"

仙人球这才沉稳地说："我的相貌很平凡，但我知道，付出努力就能改变自己。所以，我一直在积蓄能量，最终让自己开出美丽的花。"

花房里忽然安静下来……

平凡的仙人球经过努力终于开出了美丽的花。我们也要努力学习，得到自己的"成功之花"。

# 8 搬房子，还是搬树

张秋生

奇古拉国王在王宫的东面盖了一座红房子，在西面盖了一座白房子。

国王吩咐园丁："请在红房子前种一棵开红花的树，在白房子前种一棵开白花的树。这样，房子和树都会显得好看。"

"是！"园丁赶紧照国王的命令去做。

等树开出花来的时候，奇古拉国王发现园丁把树种错了：红房子前开的是白花，白房子前开的是红花。

国王命令园丁必须把两棵树对换一下。

园丁恐慌地说："树一动也许会枯死，搬树不如搬房子。"

建筑师一听，也慌了神："陛(bì)下，搬动房子很麻烦，弄不好会影响房子的结构，搬房子不如搬树。”

这让奇古拉国王很伤脑筋。

国王最信任的奶奶说：“我看房子不用换，树也不用换，还是换换你的眼光吧！”

“眼光能换吗？”

“当然。我是常常换换眼光看事情的……”

对“搬房子还是搬树”这件事情，国王的奶奶是怎样看待的？用自己的话说一说。

听了奶奶的话，国王再去花园里看看。他发现：红房子前面开一片白色的花，它们互相映衬，色彩更美；白房子前面开一片红色的花呢，颜色也显得更丰富……

国王对园丁和建筑师说：“房子和树都不用换了，有时可以换个眼光看事情……”

学会改变，小树叶也能变成大雨伞；学会改变，蟾蜍先生和小猪仔拥有了更多的朋友。改变，就在你给世界的微微一笑里；改变，就在你每天走出家门的脚步里。学会改变吧，世界也会为你而改变！

认真阅读下面一组文章，完成后面的阅读实践。

## 1 一片树叶变呀变

金　波

刮了一夜风，下了一夜雨，大树东摇西晃的，像喝醉了酒。大树上有一个小小的鸟窝，鸟窝里住着一只还不会飞的小鸟。鸟妈妈出去找食迷了路，到现在还没回来。

小鸟又冷又饿，浑身发抖。鸟窝顶上有一片宽大的树叶，他见小鸟被风吹着，被雨淋着，就变呀变，变成了一顶小小的帐篷，为小鸟挡风遮雨。

忽然，又一阵大风吹来，小鸟被风从窝里吹了出来。就在他“吱吱”呼救的时候，那片绿叶帐篷又变呀变，变成了一顶降落伞，保护着小鸟慢慢悠悠、慢慢悠悠地飘落到了地上。

降落伞刚一落地，又变呀变，变成了一把张开的大雨伞直挺挺地站在地上。小鸟在大雨伞的保护下，睡着了。

第二天，天亮了，风停了，雨也停了。

鸟妈妈来找她的孩子，她远远地看见在大雨伞下面，有一只小鸟在甜甜地睡觉。这不是我丢失的孩子吗！鸟妈妈叫醒了小鸟。小鸟睁开眼睛看见了妈妈，高兴地说：“妈妈，我睡得好香啊！昨天晚上我梦见了刮风下雨，梦见有一顶小小的帐篷为我挡风遮雨，梦见我乘着降落伞从大树上飘下来，还梦见……”

鸟妈妈说：“孩子，那不是梦，都是真的啊！”

这时候，小鸟才发现自己真的睡在一把大雨伞下面啊！雨后的早晨，空气多么清新，阳光多么明亮，草更绿了，花也更红了。

在阳光下，在微风里，那把大雨伞又变呀变，变成了一座漂亮的小凉亭。

现在，有很多人常常到凉亭里休息。小鸟和鸟妈妈也在凉亭里筑起他们的新窝。

# 2 早上好，朋友

张秋生

蟾蜍(chán chú)先生很不愉快。他每天晚上睡不好，早上不想起来。而下午呢，又无精打采。蟾蜍先生整天绷(běng)着脸，他不想理别人，而别人呢，也好像躲着蟾蜍先生。

这使蟾蜍先生脾气暴躁，胃口很不好。他什么东西都不想吃，整天唉声叹气的。

蟾蜍太太可着急了，以为丈夫得了什么怪毛病。她动员丈夫找大夫瞧瞧病。蟾蜍太太说，只要大夫开出药方，她愿意为丈夫去采集草药，为他熬药。他吃了药也许就能恢复健康。

蟾蜍先生听从妻子的劝告，去豪猪大夫的诊所看病。

豪猪大夫为蟾蜍先生检查了心脏，量了体温和血压，还听了他的叙述。最后，豪猪大夫为蟾蜍先生开了一张药方。

蟾蜍先生把药方带回家一看，上面只有一行字：

每天请说五遍“早上好，朋友”。

蟾蜍先生觉得真奇怪，为了遵从医生的嘱咐，他第二天一早就起身了。他走出门口，首先碰到了小刺猬，蟾蜍先生高兴地说了第一声：“早上好，朋友！”

小刺猬听了非常快乐，他说：“早上好，朋友！你今天的气色好极了，你很愉快吧？”

蟾蜍先生第一次听到有人说他气色好，他觉得自己精神好多了，心情也特别愉快。

他走过小树林，看见青蛙先生正在路边栽树，蟾蜍先生上前去，说声：“早上好，朋友！”

他帮青蛙先生扶住树苗，让青蛙先生往泥坑里填土。青蛙先生高兴极了，他种完树，就拥抱蟾蜍先生，说：“这是我们共同种的树，真有意义！”

蟾蜍先生也觉得自己干了一件有意义的事，他快乐地对小树苗说：“早上好，朋友！祝你天天长高！”

这时，蟾蜍先生又瞧见小兔推着一车胡萝卜，从大路上走来。他赶快迎上前去，说：“早上好，朋友！”说完，他就帮小兔推车子，一直把小兔送到家门口，乐得小兔咧开三瓣嘴说：“蟾蜍先生，你真是个既好心又勤劳的朋友！”

蟾蜍先生别提有多高兴了，他精神焕(huàn)发地走回家里，看见太太在准备早餐，他说：“早上好，朋友——不，太太！”

蟾蜍太太看见丈夫笑容满面，精力充沛(pèi)，打心眼儿里高兴。她为蟾蜍先生准备了特别丰盛的早餐。

蟾蜍先生吃得津津有味，胃口大开。他告诉妻子，他明天还要早早地起来，说五遍“早上好，朋友”。

# 3 笑一笑，哇！

方素珍

今天是小猪仔的生日，他坐在门口等啊等：“为什么没有朋友来给我过生日呢？”

恐龙噜噜拎着礼物出门了，他在路上遇见了尖嘴鸟、阿鲁米和飞鼠丁丁，噜噜问：“你们送什么给小猪仔呢？”

尖嘴鸟摇摇头，说："我不敢送他礼物。去年他过生日，我拔了一根羽毛送他，他笑我是小气鬼，还叫我多拔几根，他不知道，拔羽毛很痛呢！"

阿鲁米也摇摇头，说："有一次我送他巧克力蛋糕，他一直说我买的蛋糕不好吃，让我很难堪，我再也不想送他礼物了。"

飞鼠丁丁更气愤地说："去年我送他礼物，他根本没打开，就说我每年都送栗子，立刻把那包礼物转送给了小松鼠。其实，我送的是他最爱吃的番薯糖呢！"

阿鲁米对噜噜说："反正呢，我们送什么礼物，小猪仔都不喜欢，我们何必自作多情呢？"

噜噜还是把礼物送去了。但是，他把礼物塞给小猪仔，只说了一句"生日快乐"，立刻转身就走，他不敢看小猪仔的表情。

小猪仔喊他：“喂！噜噜，大家都忘了我的生日，我好难过啊！谢谢你送我礼物。”

噜噜停下来说：“你没有打开，也许你不喜欢——”

小猪仔立刻拆开了礼物，他睁大眼睛笑着说：“哇！是镜子！好漂亮啊！”

噜噜也开心地说：“听到你‘哇’一声，我好高兴啊！因为这是我很用心挑选的礼物。”

噜噜拿起镜子对小猪仔说：“你看你，笑起来多可爱。下次大家送礼物给你，也要这种表情哟！”

小猪仔立刻点点头，明年的生日，不论收到什么礼物，他都要“笑一笑”，然后大叫一声“哇”！这样，送礼物的朋友一定很开心，对吧？

## 阅读实践

### 活动一

读了这三篇文章，找一找里面的主人公分别发生了哪些变化，用思维导图画出来。

| 主人公 | 发生的变化 |
| --- | --- |
| 一片树叶 | （　　）→（　　）→（　　）→（　　） |
| 蟾蜍先生 | （　　）→（　　） |
| 小猪仔 | （　　）→（　　） |

## 活动二

通过阅读文章，我们发现由于主人公的改变，结局变得非常美好。让我们把下面的文章和对应的语句连线，并选择印象最深的一个故事和小伙伴交流一下想法吧！

《一片树叶变呀变》

早晨起床说五遍“早上好，朋友”，自己变得快乐起来。

《早上好，朋友》

收到礼物会笑一笑，然后大叫一声“哇”！

《笑一笑，哇！》

变成小帐篷、降落伞、大雨伞和小凉亭，为他人带来方便与快乐。

## 活动三

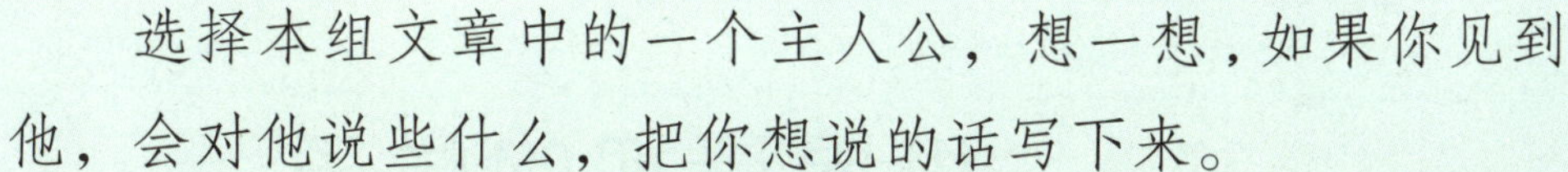

选择本组文章中的一个主人公，想一想，如果你见到他，会对他说些什么，把你想说的话写下来。

# 世界最初的样子

抬眼所望，浩瀚宇宙，让人浮想联翩。盘古开天辟地、女娲炼石补天、仓颉创造文字……古代先民对世界之初充满了神奇的想象，创造了一个个充满奇幻色彩的故事。

阅读本组文章时，要拓宽自己的思维，根据文章内容展开想象，并和小伙伴交流。交流时要敢于大胆地表达自己的想法。

# 1 发现老祖宗

彭 凡

大约在一百年前，考古学家在北京西南边的一个山洞里，发现了一些远古人类的化石。这些化石告诉我们，早在70万～20万年前，这里就出现了直立行走的人。人们把他们叫作“北京猿人”，也叫“北京人”。

这真是一个令人震惊的发现！这说明至少在20万年前，人就已经能直立行走了。

也许你会说，这有什么稀奇的，我们不都是一岁左右就学会了走路吗？

嘿，这种在我们今天看来司空见惯的事情，对我们的老祖宗来讲可不太容易。因为，人类一开始与其他动物相比并没有什么区别，无论是攀爬还是奔跑，都是手脚并用，就连长相也跟猿猴一样，头顶部低平，前额后倾——这表示他们的脑容量也很小，没有现代人聪明。

而直立行走，是把人与普通动物区别开来的一个非常重要的标志。学会行走以后，人类的手就被解放出来，可以做更多的事了。做什么事呢？当然不是上学，也不是上班，而是找吃的。

怎么找呢？他们用木头制造出棍、棒，用石头敲打出斧头、锤子、刀等工具，用来打猎，获取食物。而制造工具是猿猴无法做到的。

这些工具的诞生，标志着人类社会进入了一个伟大的时代——旧石器时代。不过在旧石器时代，光靠个人的力量是对付不了野兽的。怎么办？人多力量大，为了活下去，人们团结起来，

注意读出恰当的语气。

成群结队地居住在一起，共同对抗野兽，寻找食物。就这样，人们过起了群居生活。

北京人就是生活在旧石器时代的猿人。在北京人的山洞里，人们发现了燃烧后的灰烬、烧裂的石头，以及烧熟的树籽和兽骨。凭借它们，我们可以在脑海里拼凑出这样一幅画面：一群猿人围着熊熊的火焰，大口大口吃肉……这时的北京人，已经学会了用火。

你知道北京人是怎么获得火种的吗？展开想象说一说。

人类向着文明大大地迈进了一步。

# 2 仓颉（jié）造字

绯帘夜

黄帝时期，华夏文明得到了极大的发展。传说文字就是由黄帝的史官仓颉创造的。

仓颉生下来便与众不同，每只眼睛里有两个瞳（tóng）孔。他还是婴儿的时候就喜欢拿着笔东涂涂西画画，长大后更是喜欢思考问题，观察天地万物的变化。

当时人们用绳结记事，小事情就打一个小结，大事情就打一个大结，后来又用刀在竹子上刻各种符号来记录所发生的事情。但是问题来了，时间一长，大家都记不清当时想记录的到底是什么事情了。而且绳子容易腐坏，每个人记录的符号含义也不同，这两

种办法都会出差错。

喜欢观察和思考的仓颉发现，每种动物的脚印都是不一样的，猎人正是通过脚印来辨别猎物。他便想到，万事万物都有自己的特征，如果能抓住事物的特征，画出简单的图像来代表，大家不就都能认识了吗？

他越想越觉得可行，于是观察越发细致

起来，从天上星宿(xiù)的分布，到山川河流的起伏，甚至连乌龟背上的纹路和鸟雀羽毛的纹样都一一做了考察。仓颉随时随地在自己的手上写写画画，通过模仿自然现象，造出种种不同的符号，并给大家解说。他把自己创造的这些符号叫作“文字”。

黄帝十分赞赏仓颉的发明，号召人民都要学习文字。这些字的使用给人们的生产生活带来了极大的便利。人类的文明得到了传承。

# 3 远古时代的“世界大战”

彭 凡

大约在4000年前，黄河流域出现了很多原始部落，其中有一个强大部落的首领黄帝，他带领着族人在黄河两岸过着安居乐业的生活。另外还有一个部落首领炎帝，但他的部落不如黄帝的部落强大。

通过这个词，我可以想象到人们在黄河两岸快乐生活的画面。

这个时候，九黎族的首领蚩(chī)尤野心勃勃，想要侵占炎帝的地方。据说蚩尤有兄弟八十一人，个个神通广大，还能呼风唤雨。他们张牙舞爪，一起向炎帝部落发起挑衅。

蚩尤击败炎帝后，乘势攻击黄帝部落，于是，黄帝和蚩尤在涿鹿展开了一场惊心动魄的“世界大战”，这就是涿鹿之战。

关于这场战争，还有很多神话传说呢。据说黄帝先是派应龙来对付蚩尤。应龙想用大水来淹死蚩尤。蚩尤也不甘示弱，他派“风伯”“雨师”来应战。一时风雨大作，黄帝见情况不妙，就把“旱神”女魃(bá)请了过来。女魃一出马，立刻收了风雨，一下子风平浪静了。

蚩尤不服气，又放出浓雾把黄帝的军队困了起来。大雾笼罩了三天三夜，黄帝的军队被困在里面，动弹不得。在这危急关头，黄帝命令风后制作了指南车，来辨别方向。靠着指南车，黄帝很快带领军队在大雾中找到了方向，杀出了重围。

一个“杀”字写出了黄帝带领军队勇猛突围的样子，如果换成“逃”就不一样了。

经过一场场激烈的战斗，黄帝终于杀死

了蚩尤。从这以后，蚩尤的部落就被并入了黄帝的部落。

后来，炎帝对黄帝不服气，在阪(bǎn)泉这个地方与黄帝打了一场，这就是阪泉之战。结果，黄帝大败炎帝，炎帝心服口服，带着子民归顺了黄帝。

就这样，部落之间逐渐融合，黄帝被推为部落联盟的最高首领，并被后世尊崇为华夏族的祖先。

# 4 女娲制作笙簧

shēng huáng

女娲不仅是创造人类的女神，也是创造音乐的女神。

女娲造人后，使得世间有了欢声笑语，她爱上了这生动有趣的世间。

女娲发现她的孩子们每天忙着干活，缺少欢乐。于是，她想制作一种能发出不同声音的乐器。她走遍整个世间，最终找到许多竹子。她把能发出声音的竹子插在半截葫芦里面，经过反复修改，一种能发出动听声音的乐器——“笙簧”诞生了。女娲把笙簧发放给她的孩子们。

按照起因、经过、结果的顺序，讲讲这个故事。

有了笙簧，世间从此有了美妙绝伦的乐

声。人们劳作一天后，总会三五成群地聚集在一起，交流着自己创作的乐谱，一边吹着笙簧，一边唱歌跳舞，生活变得多姿多彩了。

（宋欣　改写）

# 5 后稷的传说

绯帘夜

“神农后稷教耕(gēng)种，不怕蛇咬狼挡道。死而复生不动摇，只为民众能吃饱……”这首歌谣里的神农一般是指炎帝，那么，后稷又是谁呢？

后稷是古代周族的始祖，名叫“弃”。他的母亲是炎帝后裔(yì)有邰(tái)氏的女儿姜嫄(yuán)。有一天，姜嫄外出游玩时发现地上有个巨人留下的脚印，她觉得很好玩，就把自己的脚放上去比较大小。她刚踩上去，肚子就有一种神奇的感觉，回家后不久就怀孕了。

十个月后，姜嫄生下来的不是人，也不是动物，而是一个圆滚滚的肉球。姜嫄害怕极了，以为自己生了个怪物，于是偷偷把它

丢在一条狭窄(xiá zhǎi)的小巷子里。说来也奇怪，经过小巷子的牛羊怕踩着肉球，都小心翼翼地绕着走。姜嫄又想把它扔到山里，可正巧碰见一群人在山里砍树。

姜嫄走着走着，看见一个结了冰的水池，她狠下心来，把肉球放在冰上。准备离开时，天上忽然飞来了一只大鸟，绕着肉球盘旋了几圈，落了下来。大鸟用一只翅膀垫在肉球下面，另一只翅膀盖在上面，似乎是想用自己的体温温暖肉球。姜嫄惊奇地走上前想看个究竟，那大鸟见有人来了，大叫一声飞走了，而肉球所在的地方传出了婴儿哇哇大哭的声音。姜嫄赶紧跑过去，只见肉球像蛋壳一样裂开，中间躺着一个白胖结实的小男孩，正有力地挥动着小手小脚呢。

姜嫄又惊讶，又高兴，怎么还舍得再抛弃自己的孩子呢！她用衣服做成小小的襁(qiǎng)褓(bǎo)，把婴儿放进去，抱回家抚养。因为曾经抛弃过他，所以姜嫄就给他取名叫“弃”。人们也称他为“后稷”。

后稷从小就喜欢农艺，常常把野生的麦子、大豆、高粱(liáng)以及各种蔬菜瓜果的种子收集起来，再种到地里去。他还认真地浇水、

施肥，等长出小苗苗了，再除草、捉虫。后来他种下的五谷和瓜果都成熟了，结出来的果实又大又香，比野生的要好得多。

后稷长大成人后，积累了很多农业方面的经验。他发现植物的生长与天气和土壤(rǎng)有关，可以选择不同类型的土地种植不同的作

物。他还指导人们选择优良的种子，有计划地进行耕种。原本靠打猎和采集野果为生的人们，看到后稷地里长出的果实确实很好，也都在家门口种起庄稼来。这样即使几天没打到猎物，也不至于挨饿。

为了给大家寻找更多能吃的植物，后稷常常翻山越岭，去品尝各种野生植物的茎叶、果实，来确定是否能吃、好不好吃。他还发挥聪明才智，用木头和石头制造了一些简单的工具，人们耕田种地就更省力了。

后稷的名声渐渐传播开来，不仅仅是他的家乡有邰，连当时做部落联盟首领的尧都知道了后稷的事迹。于是尧聘（pìn）请他做农师，请他指导人民耕种。后来继承部落联盟首领之位的舜，把有邰这个地方封给后稷，让他尽情研究。人们也因为吃喝不愁，过上了更加幸福的生活。

# 6 先蚕嫘(léi)祖

中国是丝绸的原产地，素有“丝国”之称。说到丝织刺绣，首先就要从丝织刺绣品的原料——蚕与蚕丝谈起。蚕丝属于动物纤(xiān)维，光滑柔软，纤维细长，是品质上乘的纺织原料，因此被称为“纤维皇后”。但是，蚕与蚕丝究竟是谁发现的呢?

相传最早发明养蚕和缫(sāo)丝织绸技术的是嫘祖。她是西陵(líng)氏之女，嫁给了黄帝。在嫘祖的倡导下，人们开始栽桑养蚕。后人为了纪念嫘祖的功绩，尊称她为“先蚕娘娘”。

黄帝战胜蚩尤后，被推选为部落联盟首领。他带领大家种五谷，驯(xùn)养动物，冶(yě)炼铜铁，制造生产工具，并把制作衣冠的事交给了嫘祖。嫘祖和黄帝手下的人做了具体分工：一个人负责做帽子，一个人负责做衣服，一个人负责做鞋，而嫘祖则负责提供原料。

于是，嫘祖带领着部落中的妇女上山剥树皮、织麻网，把男人们捕获的各种野兽的皮毛剥下来，进行加工。没过多久，部落中许多人都穿上了衣服和鞋，戴上了帽子。嫘祖却因积劳成疾，一病不起。

嫘祖手下的两个年轻女子看到她病倒了，非常着急，于是悄悄商量：“咱们去山上摘些野果给嫘祖吃吧！”第二天一大早，她们进山摘果子，可是这个季节的果子还没有成熟，摘的果子不是酸(suān)的，就是涩(sè)的。眼看太阳就要下山了，两个女子急得团团转。突然，她们看见了一片桑树林，满树结着白色的小果。她们以为找到了野果，急忙去摘，摘完就匆匆忙忙下山了，也没顾得上尝

一口。回来后，一个年轻女子舔(tiǎn)了舔白色小果，什么味道都没有；另一个女子咬了咬，怎么也咬不烂。她们你看看我，我看看你，难过地哭出声来。

嫘祖听到哭声，仔细询问发生了什么事。两个年轻女子把事情的来龙去脉讲述了一遍。嫘祖细细观察手中的白色小果，若有所思，突然，她高兴地说："这不是果子，不能吃，但它们却有大用处。"

过了几天，嫘祖的病好些了，黄帝劝她

好好休息，她却坚持要弄明白这些白色小果是什么。嫘祖亲自带领妇女上山，在桑树林里一观察就是好几天。她发现这种白色小果原来是一种虫子口吐细丝绕织而成的。回来后，她把这件事详细地向黄帝汇报，还请黄帝下令保护山上的桑树林。

有一天，嫘祖在采摘蚕茧时发现蜘蛛在结网。她认真观察，并学着蜘蛛结网的样子，把抽出的丝挂到树枝上，横挂竖挂，横编竖编，结果编得松了结成网，编得密了织成布。从此，丝绸出现了。嫘祖把丝绸做成衣裳，穿着又舒服又好看。

从这时起，嫘祖带领人们栽桑养蚕、缫丝制衣，彻底改变了远古人类的生活方式，使中华民族步入了文明时代，为中华文化的发展做出了卓(zhuó)越贡献。

（董红　改写）

# 1 五福临门的故事

王悠然

从前，在一个偏僻的小山村里，住着一户善良的老两口。他们开了一个小饭铺，不为赚钱，只为过路的人能歇歇脚，吃顿饱饭，喝口热水。

转眼，大年三十到了，这一天是家家户户迎新年的日子。老爷爷和老奶奶早早地关闭了小饭铺，他俩吃完了年夜饭就灭灯睡觉了。

半夜，突然响起一阵咚咚咚的敲门声，把老爷爷和老奶奶吵醒了。老爷爷披上衣服去开门，只见门口站着五个白胡子老头。

老爷爷连忙说："老人家快进屋吧，外面太冷了。"

五个白胡子老头笑眯眯地说："我们是

神仙五福，来给你们送福气啦！但是，我们五个人只能进去一个，你们选吧！”

老爷爷又惊又喜，问道：“你们都叫什么名字呀？”

第一个老神仙说：“我叫长寿，我能让你们长命百岁呢！”第二个老神仙说：“我叫富贵，我能给你们带来花不完的金银财宝！”第三个老神仙说：“我叫康宁，我能让你们平平安安。”第四个老神仙说：“我叫好德，我能让你们拥有高尚的品德。”第五个老神仙说：“我叫善终，我能让你们一辈子没有烦恼和病痛。”

哎呀，这下老爷爷和老奶奶可犯难了，到底请哪位老神仙进屋呢？

老奶奶悄声说：“请长寿进屋吧，我们能活到一百岁，多好呀！”老爷爷却摇摇头说：“没有康宁和善终，就算活到一百岁，日子也不好过呀！”

老奶奶说：“如果没有好品德，人是不会有康宁和善终的！我们要当好人、做好事，我看选好德最好！”老爷爷点点头，大声说：“我们选好德！”

咦？老爷爷的话音刚落，五个老神仙都走进屋来。老神仙好德哈哈大笑，说：“我是老大哥，我走到哪里，我的四位兄弟就会走到哪里呀！”

听了老神仙的话，老爷爷和老奶奶很开心。后来，善良的老爷爷和老奶奶健健康康、快快乐乐地活到了一百岁呢！

# ② 许由和巢(cháo)父

尧的年纪渐渐大了，希望将帝位传下去，但是他的儿子并不贤明，他打算寻找一个德才兼(jiān)备的贤人来接替他。尧听说许由很有才干，是难得的人才，便决定亲自去拜访许由。

然而，许由是个孤(gū)傲清高的人，听尧说明禅让帝位的意图后，连忙摆手说：“我许由何德何能担此重任，您还是另请高明吧。”天黑后，他连夜跑到了箕(jī)山。箕山脚下有个颍(yǐng)水，景色秀丽，许由就在这个地方住下来了。

尧觉得应当让贤明的人来为民做事，于是又派遣(qiǎn)身边的两位大臣找到许由，希望他能够出任九州长。许由见大臣来邀请，很不高兴。等大臣走后，他连忙跑到颍水边上，掬（jū）起清水来清洗自己的耳朵。

“掬”的意思是两手捧东西，我可以想象许由掬起清水洗耳朵的样子。

这时，巢父牵（qiān）着一头小牛来到河边。他看到许由的举动很是不解，就向许由询问事情的经过。许由说了事情的缘由，巢父听了不以为然，说：“得了吧，老兄，如果你不愿意做官，就不要整天散播名声。如果别人不知道你，又怎么会为这些事情来找你呢？你在这里洗耳朵，污染了河水，可不要把我小牛的嘴巴弄脏了！”说完，就牵着小牛去上游喝水了。

据说至今箕山上还有许由的墓（mù），山下也有个牵牛墟（xū），颍水旁有一个犊（dú）泉，泉边的石头上还留下了小牛的足印，这就是巢父从前牵牛饮水的地方。

（董岩　改写）

# 3 西湖的传说

杭州西湖是著名的旅游胜地，那里的秀丽景色吸引了无数中外游客前来游览(lǎn)。

在杭州城里，流传着古老的歌谣：“西湖明珠从天降，龙飞凤舞到钱塘(táng)。”玉龙山和凤凰山静静地守护着像明珠一样美丽的西湖。

龙、凤怎么能变成山？明珠又是怎样变成西湖的呢？

相传上古时期，在遥远的天边住着一对好朋友：天河的东岸住着一条玉龙，他浑身雪白闪亮；天河的西岸住着一只金凤，她长着绚丽的羽毛，十分美丽。每天，他们在天空中飞，在天河里游，无忧(yōu)无虑，快乐无比。

有一天，他们在一座仙岛上发现了一块闪闪发光的仙石。他们商量后决定把仙石打磨成一颗珠子。说干就干，金凤用尖尖的嘴巴啄，玉龙用锐(ruì)利的爪子磨，两个好朋友不知疲倦(juàn)地雕琢(zhuó)、打磨。一天又一天，一年又

一年，他们把亮闪闪的仙石慢慢地制成了一颗璀璨(cuǐ càn)的明珠。

明珠光芒万丈，照亮了仙山，照亮了天河。这颗明珠非常神奇，只要是它照到的地方，那里就会树木常青、百花盛开。

后来，这件事情被王母娘娘知道了。王母娘娘千方百计想要得到这颗明珠。她派了一名天将，趁玉龙和金凤睡着的时候悄悄潜入仙岛，偷走了明珠。

玉龙和金凤一觉醒来，发现明珠不见了，伤心极了。他们走遍了仙岛的每一个角落，游遍了天河的每一个地方，也没有找到明珠。“明珠啊明珠，你到底在哪里啊？”金凤和玉龙一遍又一遍地呼唤着。

王母娘娘生日那天，各方神仙前来祝寿。蟠(pán)桃会上，王母娘娘非常高兴，拿出明珠向神仙们炫耀。明珠的光芒照亮了天庭，照到了仙山，也照到了天河。正在仙山上寻找明珠的玉龙和金凤看到那道道光芒，异口同声地说："是我们的明珠！"

他们顺着光芒一直找到了瑶(yáo)池，气愤地对王母娘娘说："这颗明珠是我们的，是你偷走了它，快还给我们！"王母娘娘怎么肯把明珠归还，她攥(zuàn)紧明珠，命令天兵天将把玉龙和金凤赶出去。玉龙和金凤拼尽全力扑向王母娘娘，你拉我扯。王母娘娘因为一时大意，明珠从她的手中滑落，骨碌碌滚向人间。

玉龙和金凤急忙追着明珠，从天上飞下来。明珠刚一落地，就变成了晶莹的西湖。玉龙与金凤要一直保护明珠，就变成了玉龙山和凤凰山，守护在西湖边。

（宋欣　改写）

展开想象，用自己的话讲一讲玉龙、金凤变成山，明珠变成西湖的故事吧！

# 中国精神

我们的心儿小小的，只有我们的拳头那么大；我们的心儿大大的，时时刻刻装着我们亲爱的祖国。升旗仪式上，五星红旗冉冉升起，胸前的红领巾迎风飘扬。我们把对祖国的爱装进心里，自豪地大声歌唱：“我们爱祖国！”

# 1 我们的心儿

樊发稼

我们的心儿，
是一只勤劳的蜜蜂——
在校园里，在课堂上，
不懈（xiè）地采制知识的蜜糖。

我们的心儿，
是一支彩色的画笔——
在生活中，在甜梦里，
深情地描画灿烂的理想。

我们的心儿，
是一只快乐的小鸟——

在阳光下，在春风中，
尽情地歌唱美好的生活。

我们的心儿，
是一个奇异的空间——
不论何时，不论何地，
总装着我们亲爱的祖国。

# 2 我们爱祖国

金　波

祖国是什么？
我们天天在思索，
一年长一岁，
答案有千万个。

小时候，它是妈妈的摇篮曲；
长大了，它是长江，是黄河。
现在，它是我胸前的红领巾，
是星星火炬(jù)发出的光和热。

它是卢沟桥的石狮子，
它是反抗侵略的炮火，

wēi é
它是巍峨的烈士纪念塔，
它是蓝天里飞翔的白鸽。

它是彩旗在春风里飘扬，
huī
它是国徽在阳光下闪烁，
它是清晨的一抹朝霞，
它是夜晚的万家灯火。

它是秋风中长长的送粮车队，
它是草原上成群的牛羊骆驼，
它是钢水奔流、钻塔林立，
它是熊熊燃烧的奥运圣火。

祖国是新建的高楼大厦，
祖国是古老的神话传说，
祖国是历史课本中的英雄故事，
祖国是我们心中一首首爱的颂歌。

什么是对祖国的爱？
我们天天在思索，
一年长一岁，
答案有千万个。

小时候，它是我画的第一幅画；
长大了，它是我献给土地的花朵。
现在，它是我种下的一棵小树，
还有小树引来小鸟的歌。

我们对祖国的爱随国旗升起，
和满天的星光一起闪烁，
在校园的铃声里摇响，
在翻开的课本里探索。

我们对祖国的爱也在燃烧，
它融进了奥运的圣火，

它汇进了啦啦队的呐(nà)喊，
它随着一块块金牌光芒四射。

我们对祖国的爱，
就是把无限忠诚献给祖国，
就像雷锋和无数的英雄那样，
把一点一滴的爱献给生活。

我们对祖国的爱，
像涓(juān)涓细流汇成长江黄河，
一路奔腾，一路歌唱：
我们爱祖国，
我们爱祖国，
我——们——爱——祖——国！

# 3 五星红旗，我爱你

佟希仁

你是

滚滚的长江、黄河，

你是

茫茫的雪山、草地。

你是

巍峨蜿蜒(wān yán)的万里长城，

你是

塔克拉玛干浩瀚的戈(gē)壁。

你是

绵延海岸线上不落的风帆，
你是
无边无际的绿色森林的手臂。
你是
无数的肥田、沃(wò)土，
你是
九百六十万平方公里的土地。
你是
世界东方的黎明，
你是
太阳的炽(chì)热与绚丽。
五星红旗啊，我爱你！

你是
亿万人民的拼搏奋起，
你是
无数英雄的鲜红血迹。

你是
共和国大厦的坚固脊梁，
你是
十四亿双如林的铁臂。
你是
我们美好未来的无限幻想，
你是
智慧与忠诚永久的凝聚。
你是
祖国五千年悠久的历史，
你是
新时代奋进的乐曲。
你是
中华民族铮(zhēng)铮的铁骨，
你是
神州大地腾飞的双翼。
五星红旗啊，我爱你！

# 4 朗诵给祖国听

徐　鲁

我是你安谧（mì）的夜空里
闪耀的
那一颗小星，
我是你春天的花树上
唱歌的
那一片绿叶，
我是你苏醒的晨风中
燃烧的
那一缕（lǚ）霞光，

我是你春天的田野上
奔流的
那一条小河。

祖国啊，
我用我怯生的语言，
诉说着
我的渴望，
我的快乐。
我用我纯真的心灵，
讴(ōu)歌着
你的博大，
你的丰沃。

祖国啊，
我亲爱的祖国！

# 《丁香小镇的菊奶奶》

吕丽娜

## 推荐语

奶奶的样子总是那么慈祥，那么亲切，让我们倍感温暖；奶奶的厨艺总是那么好，让饭菜里充满爱的味道；奶奶的故事总是那么动听，让我们心驰神往。有这样一位奶奶，她不仅慈祥亲切，而且拥有不平凡的魔力。自从她来到丁香小镇，丁香小镇的生活就变得有趣起来，丁香小镇居民的烦恼和困难就被一一化解了。这位奶奶是怎么做到的呢？快来读一读《丁香小镇的菊奶奶》这本书吧！

## 作者简介

吕丽娜，1977 年生，1996 年起发表作品，迄今已有百万多字。她的作品有鲜明的个人风格，语言简洁明快，引人入胜；情节生动，富有童趣。她获得过冰心儿童图书奖、陈伯吹儿童文学奖等诸多奖项。她笔下的众多鲜活形象，传达了爱、宽容、坚忍等理念。

## 内容梗概

丁香小镇是一个普普通通的小镇。有一天，天上突然飞来一座木房子，里面走出了一位个子矮矮的，穿着雪白的袍子和一双透明的、带轱辘的水晶鞋，手里拿着一个蓝花手提袋的老奶奶。菊奶奶就这样从天而降来到了丁香小镇。

看似平凡的菊奶奶却有着不平凡的魔力。她能听见小葵花心里的话，为吹笛子的强盗找到新工作，帮芭蕉先生找到属于自己的童话玫瑰。菊奶奶的到来让丁香小镇的居民更快乐、更善良、更有智慧，变得更加相亲相爱。

菊奶奶的魔力好大呀，可是她也遇到了困难，这一切被丁香小镇的居民看在眼里，他们帮助菊奶奶战胜了灰脸小妖。丁香小镇的人们在互相帮助中逐渐明白了幸福的真谛……

## 快乐果

自从有了穿白袍子和水晶鞋的菊奶奶做伴，小葵花就变成了整个丁香小镇最快乐的小姑娘。

无论在什么地方，无论正在做什么，她都快乐得想跳舞。

她总是跳着舞打扫房间。当她这样做的时候，房间里的桌子、椅子，还有瓶瓶罐罐什么的，也都被她的快乐感染，跳起舞来。不过它们跳得很轻，生怕把自己摔破了。

她总是跳着舞烤面包。当她这样做的时候，那些新烤出来的面包也被她的快乐感染，在盘子里跳起舞来。

她总是跳着舞穿过森林去采蘑菇。当她

这样做的时候，大大小小的动物都被她的快乐感染，跟在她后面跳起舞来。

甚至在吃饭和睡觉的时候，小葵花也忍不住跳舞。这样一来，她就没办法好好吃饭，也没办法好好睡觉了。

“你心里的快乐太多了。”一天，菊奶奶望着一边跳舞一边擦桌子的小葵花若有所思地说，“你必须分出一些给别人。”菊奶奶说完便出门去了。

傍晚的时候，菊奶奶回来了，带回一小瓶有魔力的药水，让小葵花喝下去。

小葵花乖乖地喝下药水，立刻变得又快活又安静。同时，她的发梢结出了许多红色的小果子！

“瞧，这些就是快乐果，它们是由你心中多余的快乐凝结而成的。”菊奶奶微笑着说，“我想知道，你会拿它们怎么办呢？”

“我要把它们送给别人。”小葵花骄傲地回答。

小葵花走在热闹的大街上，看见芭蕉先生家的狗小云朵正沮丧地蹲在一个角落里。小云朵刚和别的狗打了一架，结果打输了，它觉得自己很丢脸。

小葵花从头发里摘下一颗红红的快乐果，塞进小云朵的嘴巴里。小云朵马上忘记了刚才的不愉快，摇着尾巴跑开了。

小葵花继续往前走，看见丁香镇长正愁眉苦脸地坐在一张长椅上。作为一个有责任心的好镇长，丁香镇长差不多每天都会为各种各样的事情发愁。

小葵花摘下满满一大把快乐果送给丁香镇长。很快，这些果子发挥了神奇的力量，丁香镇长脸上的愁云不见了，而且脑子里蹦出了很多好主意。这些好主意能够让丁香小镇变得更加可爱。

小葵花继续往前走，一路走一路把快乐果分给那些需要它们的人。她的头发里不断地有新的快乐果长出来，因为快乐是分不完的。

现在，丁香小镇的居民们更喜欢小葵花了，每当他们遇到什么烦恼或者伤心事的时候，他们就会对自己说：

“让我去向小葵花要颗红果子吃，然后一切都会好起来的。”

## 给太阳的明信片

一连下了一个星期的毛毛雨，丁香小镇到处湿漉漉的。

树湿漉漉的，花湿漉漉的，灌木丛也湿漉漉的。

草地湿漉漉的，街道湿漉漉的，那些漂

亮的木房子也湿漉漉的。

丁香小镇的居民们走来走去时都撑起了五颜六色的伞，可他们的衣裳还是湿漉漉的。

“来个奶油面包吧，热乎乎的！”铃兰小姐和平常一样热情地招呼着。

但是那包面包的纸也是湿漉漉的。

芭蕉先生坐在湿漉漉的窗前写童话。那童话也是湿漉漉的，因为童话里所有的角色都那么爱掉眼泪。芭蕉太太好奇地读了其中的一段，结果哭成了泪人。

“别哭！现在更湿了！”芭蕉先生叹了口气说。

“草地那么湿滑，根本没办法踢足球！”小樱桃大声地抱怨道。

“也不能穿美丽的长裙，因为会溅上泥点！”小蓝莓咕哝道。

“要是我盖的那些漂亮木房子长出蘑菇

来，我会心痛而死！”木瓜老公公对丁香镇长说。

丁香镇长没办法，只好去跟菊奶奶诉苦：“这雨可不能再下了，您说是吗？”

“我想——”菊奶奶若有所思地说，“这是太阳先生心情不好的缘故。太阳先生每天辛辛苦苦地为我们工作，可是既得不到感谢，也得不到问候。”

“那我们给太阳写一张明信片好了！”丁香镇长说，“可是，怎么能把明信片寄给太阳先生呢，我想邮递员风先生可做不到。”

“写明信片的事你来负责，至于怎么寄给太阳先生嘛，”菊奶奶微笑着说，“我来想办法好了。”

“太好了，我这就去！”丁香镇长立刻跑去召集丁香小镇的居民们商量写明信片的事。

经过丁香小镇的居民们的热烈讨论，明信片是这样写的：

亲爱的太阳先生：

感谢您每天带给我们光明和温暖。献上我们大家的爱和问候，希望您的心情尽快好起来。

丁香小镇的全体居民

谁也不知道菊奶奶是怎样把明信片寄走的，不过太阳先生一定是收到了明信片，因为第二天一早天就放晴了，明媚的阳光照耀着可爱的丁香小镇。

草地变得干爽了，小樱桃和他的小伙伴们痛痛快快地踢了一场足球。

街道变得干爽了，小蓝莓和她的小伙伴们穿上了美丽的长裙走来走去。

丁香小镇的居民们走来走去时全都收起了伞，金色的阳光在他们的发间、眼睛里和微笑中闪耀。

芭蕉先生坐在干爽的窗前，为他的童话写下了一个明亮、圆满的结局。

慈祥的菊奶奶，神奇的魔力，点燃了我们想象的焰火，改变了丁香小镇居民的平凡生活。擦亮眼睛，跟着菊奶奶去看看他们在丁香小镇的美好生活吧。

读这本书时，先认真读目录。根据目录猜一猜，菊奶奶和丁香小镇的居民们在做什么，遇到了什么事情。再打开书来仔细读一读，看看你从中明白了什么。

## 活动一：天天读——我的阅读计划

| 日期 | 内容 | 评价 | 我最想说的话 |
| --- | --- | --- | --- |
| __月__日 | | ☆☆☆ | |
| __月__日 | | ☆☆☆ | |
| __月__日 | | ☆☆☆ | |
| __月__日 | | ☆☆☆ | |
| __月__日 | | ☆☆☆ | |
| __月__日 | | ☆☆☆ | |
| __月__日 | | ☆☆☆ | |

## 活动二：写一写，画一画

菊奶奶帮助过的丁香小镇居民的名字：

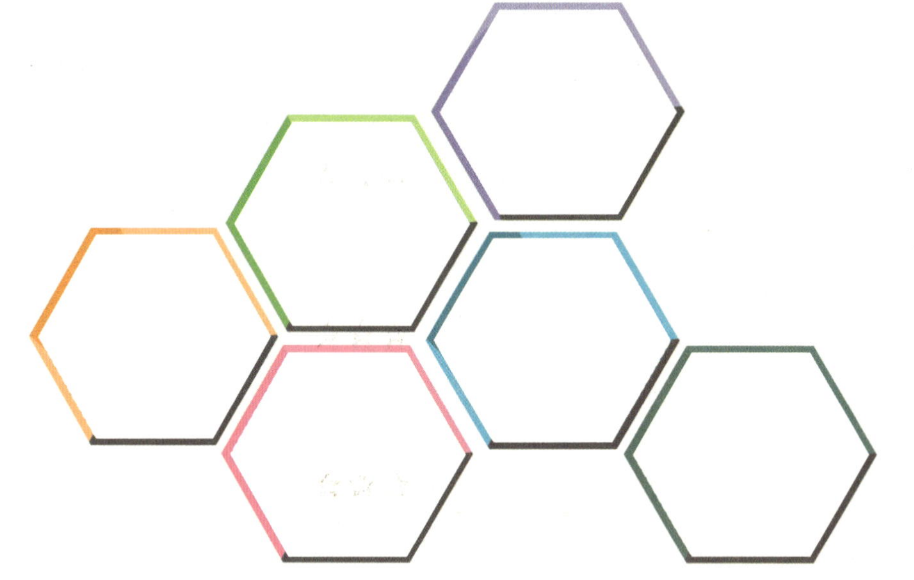

我给最喜欢的人物画张像：

# 敬 启

为编好这本书，我们与收入本书作品（含图片）的作者进行了广泛联系，得到了各位作者的大力支持。在此，我们表示衷心的感谢。但是，由于个别作者地址不详，虽经多方努力，仍无法取得联系。敬请各位有著作权的作者尽快与我们联系，以便我们支付稿酬，并致谢忱！

我们还要感谢使用本书的师生们。希望你们在使用本书的过程中，能够及时把意见和建议反馈给我们，对此，我们深表谢意，并将给予一定奖励。让我们携起手来，共同完成本书的建设工作。


联 系 人：梁老师　刘老师

联系电话：010-58022100-6362

联系邮箱：ztxx2008@sina.com

网　　址：http://www.ywztxx.com

地　　址：北京市海淀区知春路7号致真大厦A座18层

图书在版编目（CIP）数据

彩色的梦 / 李香菊主编. — 上海：上海教育出版社, 2021.12

ISBN 978-7-5720-0806-1

Ⅰ. ①彩… Ⅱ. ①李… Ⅲ. ①阅读课—小学—教学参考资料 Ⅳ. ①G624.233

中国版本图书馆CIP数据核字（2021）第260864号

责任编辑 顾 翊
封面设计 陈丽娟 王艺霖
著作权人 北京华樾教育科技有限公司

**彩色的梦**

**李香菊 主编**

---

出版发行 上海教育出版社有限公司
官 网 www.seph.com.cn
地 址 上海市闵行区号景路159弄C座
邮 编 201101
印 刷 肥城新华印刷有限公司
开 本 720×1010 1/16 印张 20
字 数 200千字
版 次 2021年12月第1版
印 次 2021年12月第1次印刷
书 号 ISBN 978-7-5720-0806-1/G·0622
定 价 118.00元（全二册）

---

如发现质量问题，请向本社调换 021-64373213

### 5.《春风带我去散步》

（1）“仰”的正确读音是什么？（　）

A. yǎng

B. áng

C. yáng

（2）春风松开了“我”的手，又去干什么了？（　）

A. 春风忙着把小草吹绿。

B. 春风去帮助孩子们放风筝。

C. 春风帮助喜鹊搭窝。

### 6.《春天真美好》

（1）请找出与“金灿灿”结构一样的词语。（　）

A. 暖暖的

B. 绿油油

C. 伸伸腰

（2）请在横线上填上合适的量词。几______烹饪绝活。（　）

A. 个

B. 手

C. 道

### 7.《植树的季节》

（1）“一场一场的春雨，把泥土浇得湿漉漉的。”这句中“场”的正确读音是什么？（　）

A.yáng

B.cháng

C.chǎng

（2）“风吹着我们的红领巾，像小小的树开放了一朵朵花。”这句话用了什么修辞手法？（　）

A. 比喻

B. 夸张

C. 拟人

### 8.《松鼠和松果》

（1）“春天，几场____细雨过后”，横线处应该填哪个词？（　）

A. 朦朦

B. 蒙蒙

C. 萌萌

（2）松鼠吃松果的时候，忽然想到了一个什么问题？（　）

A. 马上过冬了，松果不够一家人吃了，怎么过冬呢？

B. 我都把松果吃完了，小松鼠们吃什么呢？没有吃的怎么办？

C. 如果光摘松果，不栽松树，以后小松鼠们吃什么？到哪儿去住呢？

### 9.《花瓣儿鱼》

（1）“花______儿鱼”，在横线处应填上哪个字？（　）

A. 辩

B. 瓣

C. 辫

（2）请选择合适的量词填空。一______小溪，一______香味，一______早晨。（ ）

A. 个

B. 阵

C. 条

### 10.《开在信箱里的野花》

（1）“阿姨，我来帮你背，好吗？”这句话中“背”的正确读音是什么？（ ）

A. bēi

B. bèi

C. beī

（2）判断：退休女教师信箱里的野花是邮递员阿姨放进去的。（ ）

### 11.《和花朵说悄悄话》

（1）“溪畔”中“畔”的正确读音是什么？（ ）

A. pàn

B. bàn

C. tián

（2）“看你们笑得前仰后合，你们的家族多么快乐。”这句话用了什么修辞方法？（ ）

A. 比喻

B. 拟人

C. 夸张

### 12.《春天》

（1）在“酒窝圆又大”中，“酒”的读音是什么？（ ）

A. sǎ

B. jǐu

C. jiǔ

（2）文中的哪个词语是拟声词？（ ）

A. 叽叽叽

B. 笑了

C. 咧开嘴

### 13.《为春天做巢》

（1）“为春天做巢”中“巢”的意思是什么？（ ）

A. 果实

B. 窝

C. 蜂蜜

（2）为春天做的巢给谁住？（ ）

A. 春天的鸟儿

B. 没有家的小伙伴

C. 天空的雁和鹰

### 14.《绿草地（节选）》

（1）“绿草地，绿草地，一

朵小花开放了，没有芳香，没有____（mì）。”空格处应该填哪个字？（　）

A. 密

B. 蜜

C. 秘

（2）“又不高兴，又不急”中“高兴”的反义词是什么？（　）

A. 难过

B. 着急

C. 轻松

## 三 爱的奉献

### 1.《小溪流》

（1）小溪流帮助了谁？（　）

A. 苗儿和小树

B. 苗儿和花儿

C. 花儿和小草

（2）“它给花儿浇浇水，花儿微微露笑容。”这句话用了什么修辞手法？（　）

A. 拟人

B. 比喻

C. 排比

### 2.《谁来过》

（1）“小草绿了”中“绿”的正确读音是什么？（　）

A. lǜ

B. lù

C. rǜ

（2）这首儿歌一共有几句话？（　）

A. 3

B. 4

C. 5

### 3.《人人为人人》

（1）“要是没有巧手缝衣服”中的“缝”的正确读音是什么？（　）

A. fèng

B. féng

C. fén

（2）石匠需要裁缝的什么东西才好不光着膀子干活？（　）

A. 裤子和围腰

B. 裤子和背心

C. 裤子和鞋子

### 4.《我的一份呢》

（1）“盛了一盘鲜美的汤”中“盛”的读音是什么？（　）

A. shèng

B. chéng

C. chèng

（2）“一______扫帚”，横线处应

填哪个量词？（　）

A. 条

B. 把

C. 份

5.《燕子妈妈笑了》

（1）“菜园里，冬瓜____在地上，茄子____在枝上。”横线处应该填哪两个字？（　）

A. 长　落

B. 躺　挂

C. 卷　长

（2）请选择合适的标点填空。燕子妈妈说：“不错____可是，你能不能再去看看____还有什么不一样____”（　）

A. ，

B. 。

C. ？

6.《兔子小雪》

（1）“小雪靠着门，抬起腿，扒开脚______（zhǐ）缝给爷爷看。”横线处应该填哪个字？（　）

A. 止

B. 趾

C. 脂

（2）“白白的肥皂泡泡沾在小雪黑黑的身体上，一块黑一块白，像只小奶牛！”这句话用了什么修辞手法？（　）

A. 夸张

B. 拟人

C. 比喻

7.《最后一片银杏树叶》

（1）“有一片树叶飘下来，变成一台崭新的袖珍收音机。”这句话中的“崭”的正确读音是什么？（　）

A. chǎn

B. zhǎn

C. zhàn

（2）文中与“又跑又闹”结构一样的词语是_____。（　）

A. 又大又红

B. 又小又绿

C. 又蹦又跳

8.《两只棉手套》

（1）“暖和的树洞”中的“和”正确读音是什么？（　）

A. hè

B. hé

C. huo

（2）“冬天的西北风刮个没完，刮到脸上，就像用小刀一下一下割着，

真疼啊！”这句话运用了什么修辞手法？（  ）

A. 比喻

B. 拟人

C. 夸张

**9.《不一样的冬天》**

（1）“小兔子一下子变得垂头丧气”中“丧”的读音是什么？（  ）

A. sāng

B. shàng

C. sàng

（2）小熊为了让小兔子的冬天不再孤单，他怎么做的？（  ）

A. 送给小兔子一个装有小铲子和地图的大礼包，让她挖宝藏。

B. 给小兔子写了好多信，让她感受到朋友的关心。

C. 留在小兔子身边陪她度过一个愉快的冬天。

**10.《五颗蜜蜜甜的葡萄》**

（1）“三只小松鼠在葡萄________（téng）上发现了夏天留下来的最后一串葡萄。”横线处应该填哪个字？（  ）

A. 滕

B. 腾

C. 藤

（2）判断：小松鼠们吃了又酸又小的碎葡萄，给爸爸留下了又熟又大又好的甜葡萄。（  ）

**11.《小熊的意外收获》**

（1）“小熊用蜂____（mì）和面粉做了好多美味的蜂____（mì）饼干。”横线处应该填哪个字？（  ）

A. 密

B. 蜜

C. 秘

（2）小熊舍不得吃掉自己做的蜂蜜饼干，他想卖掉这些饼干买什么？（  ）

A. 一副手套

B. 一些玩具

C. 一本童话书

**12.《花店》**

（1）“花儿不放假”中“假”的正确读音是什么？（  ）

A. jiɑ

B. jiǎ

C. jià

（2）“花儿不放假，笑着吐芬芳。”这句话用了什么修辞手法？（  ）

A. 比喻

B. 拟人

C. 排比

### 13.《收被子》

（1）判断："邻居奶奶耳朵聋"中的"聋"是形声字，"龙"是声旁，表示这个字的读音。（　）

（2）"雷公公，轰隆隆，唤我快来做事情。"这句话用了什么修辞手法？（　）

A. 拟人

B. 比喻

C. 夸张

## 四 中华优秀传统文化

### 1.《中华颂》

（1）"西湖俏"中"俏"用音序查字法应先查音序______。（　）

A. J

B. Q

C. X

（2）______雄，______险，______，物种全。（　）

A. 长白山

B. 华山

C. 泰山

### 2.《我和我的祖国（节选）》

（1）"瑞雪"中"瑞"的读音是什么？（　）

A. ruì

B. duān

C. qí

（2）祖国是吐鲁番的______，祖国是海南岛的______，祖国是景德镇的______。（　）

A. 菠萝

B. 葡萄

C. 瓷器

### 3.《拍手歌》

（1）"舂打糍粑"中"舂"的读音是什么？（　）

A. chōng

B. chūn

C. dǎ

（2）"清明踏______祭扫日"，横线上应填哪个字？（　）

A. 清

B. 青

C. 晴

### 4.《新年，是个淘气的娃娃》

（1）"奶奶手里的红窗花栩栩如生"中的"栩栩如生"是什么意思？（　）

A. 形容很逼真，像活的一样。

B. 形容窗花很红，像活的一样。

C. 形容窗花很新，像活的一样。

（2）“噼里啪啦的鞭炮，是新年到来时的放声大笑。”这句话用了什么修辞手法？（　）

A. 比喻

B. 夸张

C. 拟人

**5.《“玉”的演变》**

（1）“珠、瑚、琥”的偏旁都是什么？（　）

A. 王

B. 玉

C. 土

（2）甲骨文中的“玉”像什么？（　）

A. 一根丝线穿起来的三个玉片

B. 四个排列的玉片

C. 一根丝线穿起来的四个玉片

**6.《有趣的“舟”字》**

（1）“______（jiàn）队”，横线上应填哪个字？（　）

A. 船

B. 舱

C. 舰

（2）“同____共济”，横线上应填哪个字？（　）

A. 舟

B. 船

C. 航

**7.《卖月儿》**

（1）“憧憬”的“憧”的读音是什么？（　）

A. chōng

B. tóng

C. zhuàng

（2）“我垂涎欲滴，但我还能控制住自己”中的“垂涎欲滴”是什么意思？（　）

A. 馋得口水快要滴下来了。

B. 能管住自己不吃月儿。

C. 很想吃，但控制住了自己。

**8.《家常美食》**

（1）判断：“辣炒花蛤”中“蛤”的读音是 gá。（　）

（2）“干____（biān）豆角”，横线上应填哪个字？（　）

A. 偏

B. 煸

C. 谝

**9.《赶年兽》**

（1）“从此逃得一溜烟”中“溜”

的读音正确的是什么？（　）

A. lìu

B. liū

C. liù

（2）文中与“欢欢喜喜”结构一样的词语是什么？（　）

A. 红红火火

B. 飘忽飘忽

C. 劈里啪啦

**10.《大红灯笼》**

（1）“元____（xiāo）节”中，横线上填哪个字？（　）

A. 霄

B. 肖

C. 宵

（2）“大红灯笼正在看着我们，露出了红火火的微笑！”这句话用了什么修辞手法？（　）

A. 比喻

B. 拟人

C. 排比

## 五 我的童年

**1.《梦》**

（1）“明明在空中______（piāo）扬”，横线上应填哪个字？（　）

A. 飘

B. 漂

C. 票

（2）判断：从“胆战心惊”可以看出我非常害怕。（　）

**2.《童年的芦苇塘》**

（1）“茬”用音序查字法应查音序____。（　）

A. C

B. CH

C. Z

（2）到哪里能知道“我”的童年到底是什么样的？（　）

A. 乡村的田野里

B. 乡村的芦苇塘

C. 家乡的小树林

**3.《妞妞和小鸟》**

（1）“爸爸用木板____起了一个小房子。”横线上应填什么字？（　）

A. 订

B. 定

C. 钉

（2）一____床，一____房子，一____梦。（　）

A. 个

B. 座

C. 张

**4.《鸟儿翻译家》**

（1）“那”字一共有几画？（　）

A.6

B.7

C.8

（2）“大伙儿急____直拍自己的脑瓜”，横线上应填哪个字？（　）

A. 的

B. 地

C. 得

**5.《被子里的历险》**

（1）“一天____（qīng chén）”横线上应填哪个词语？（　）

A. 清晨

B. 青晨

C. 轻尘

（2）“一____急事”，横线上应填哪个量词？（　）

A. 个

B. 件

C. 种

**6.《小松鼠买梦》**

（1）“一觉醒来”中“觉”的正确读音是什么？（　）

A. jué

B. jiào

C. jiù

（2）和“东张西望”结构一样的成语是哪一个？（　）

A. 环视四周

B. 目不转睛

C. 东倒西歪

**7.《我是蚱蜢》**

（1）从“蚱、蜢、蜻、蜓、蝇”等字中可以看出来含有“虫字旁”的字一般与什么有关？（　）

A. 植物

B. 虫子

C. 哺乳动物

（2）“一____蔷薇花”，横线上应填哪个量词？（　）

A. 堆

B. 丛

C. 群

**8.《我是蜘蛛》**

（1）文中跟“自由自在”结构一样的词语是什么？（　）

A. 三心二意

B. 糊里糊涂

C. 干干净净

（2）“我打算用一根长长的丝挂住

身体，像个葫芦一样在风里晃啊晃啊。”这句话用了什么修辞手法？（　）

A. 比喻

B. 拟人

C. 夸张

**9.《我把那只蓝蜻蜓放了》**

（1）文中“痛苦”的反义词是什么？（　）

A. 快乐

B. 温暖

C. 寂寞

（2）判断：从“蹿”这个字中可以看出蓝蜻蜓想快速获得自由。（　）

**10.《小鸟音符》**

（1）“你们为什么不坐在高高的树 ____（shāo）？”横线上应填哪个字？（　）

A. 稍

B. 捎

C. 梢

（2）小鸟是在哪里来回跳跃？（　）

A. 电线上

B. 树梢

C. 花园里

**11.《我的小羊》**

（1）“犄角”中“犄”的读音是什么？（　）

A. jī

B. qí

C. yǐ

（2）“匍匐”两个字都是什么结构？（　）

A. 独体结构

B. 半包围结构

C. 上下结构

**12.《老树的故事》**

（1）“活够一百岁”中“活”的读音是什么？（　）

A. huó

B. shé

C. huō

（2）“身穿礼服的音乐家”指的是谁？（　）

A. 大树

B. 昆虫

C. 鸟儿

## 六 整本书阅读

### 《书本里的蚂蚁》

（1）《书本里的蚂蚁》作者是谁？（　）

A. 王一梅

B. 杨红樱

C. 法布尔

（2）蓝狐狸为什么总是要憋足了劲儿，像过封锁线一样冲过这七棵树？（　）

A. 怕鸟儿啄他。

B. 怕鸟粪落到他头上。

C. 觉得鸟儿太吵。

# 参考答案

## 一、经典诵读

1.《春远（节选）》

（1）A

（2）错

2.《春游曲》

（1）B

（2）A

3.《春风》

（1）B

（2）BAC

4.《春寒》

（1）C

（2）对

5.《笠翁对韵（节选）》

（1）A

（2）C

6.《弟子规（节选）》

（1）A

（2）B

## 二、春天在哪里

1.《春日偶成》

（1）B

（2）A

2.《春天在哪里》

（1）A

（2）C

3.《春风（节选）》

（1）错　解析：这首诗的作者是清朝诗人袁枚。

（2）A

4.《春天很大又很小》

（1）C

（2）对

5.《春风带我去散步》

（1）A

（2）B

6.《春天真美好》

（1）B

（2）B

7.《植树的季节》

（1）B

（2）A

8.《松鼠和松果》

（1）B

（2）C

9.《花瓣儿鱼》

（1）B

（2）CBA

10.《开在信箱里的野花》

（1）A

（2）错

11.《和花朵说悄悄话》

（1）A

（2）B

12.《春天》

（1）C

（2）A

13.《为春天做巢》

（1）B

（2）B

14.《绿草地（节选）》

（1）B

（2）A

## 三、爱的奉献

1.《小溪流》

（1）B

（2）A

2.《谁来过》

（1）A

（2）B

3.《人人为人人》

（1）B

（2）A

4.《我的一份呢》

（1）B

（2）B

5.《燕子妈妈笑了》

（1）B

（2）BAC

6.《兔子小雪》

（1）B

（2）C

7.《最后一片银杏树叶》

（1）B

（2）C

8.《两只棉手套》

（1）C

（2）A

9.《不一样的冬天》

（1）C

（2）A

10.《五颗蜜蜜甜的葡萄》

（1）C

（2）错

11.《小熊的意外收获》

（1）B

（2）C

12.《花店》

（1）C

（2）B

13.《收被子》

（1）对

（2）A

## 四、中华优秀传统文化

1.《中华颂》

（1）B

（2）CBA

2.《我和我的祖国（节选）》

（1）A

（2）BAC

3.《拍手歌》

（1）A

（2）B

4.《新年，是个淘气的娃娃》

（1）A

（2）C

5.《“玉”的演变》

（1）A

（2）C

6.《有趣的“舟”字》

（1）C

（2）A

7.《卖月儿》

（1）A

（2）A

8.《家常美食》

（1）错　解析：正确读音为“gé”。

（2）B

9.《赶年兽》

（1）C

（2）A

10.《大红灯笼》

（1）C

（2）B

## 五、我的童年

1.《梦》

（1）A

（2）对

2.《童年的芦苇塘》

（1）A

（2）B

3.《妞妞和小鸟》

（1）C

（2）CBA

4.《鸟儿翻译家》

（1）A

（2）C

5.《被子里的历险》

（1）A

（2）B

6.《小松鼠买梦》

（1）B

（2）C

7.《我是蚱蜢》

（1）B

（2）B

8.《我是蜘蛛》

（1）B

（2）A

9.《我把那只蓝蜻蜓放了》

（1）A

（2）对

10.《小鸟音符》

（1）C

（2）A

11.《我的小羊》

（1）A

（2）B

12.《老树的故事》

（1）A

（2）C

## 六、整本书阅读

《书本里的蚂蚁》

（1）A

（2）B

# 彩色的梦 2

## 一 经典诵读

### 1.《山亭夏日》

（1）“蔷薇”的正确读音是什么？（　）

A. qiáng wēi

B. qiáng wěi

C. qiāng weī

（2）《山亭夏日》的作者高骈是哪个朝代的诗人？（　）

A. 唐

B. 清

C. 宋

### 2.《春宿左省（节选）》

（1）“户”是什么结构的字？（　）

A. 上下结构

B. 独体字

C. 半包围结构

（2）《春宿左省》的作者是唐朝的哪位诗人？（　）

A. 杜甫

B. 李白

C. 白居易

### 3.《状江南·孟夏》

（1）“阁”的第一笔是什么？（　）

A. 竖

B. 点

C. 横折钩

（2）《状江南·孟夏》描写的是哪个季节？（　）

A. 春

B. 夏

C. 秋

### 4.《田园乐（其六）》

（1）《田园乐（其六）》的作者是唐朝的哪位诗人？（　）

A. 杜甫

B. 李白

C. 王维

（2）本诗描写的是哪个季节？（　）

A. 夏

B. 春

C. 冬

### 5.《笠翁对韵（节选）》

（1）“翁”的正确读音是哪一项？（　）

A. wēng

B. wēn

C. wōng

（2）《笠翁对韵》的作者李渔是哪个朝代的人？（　）

A. 宋

B. 清

C. 明

**6.《弟子规（节选）》**

（1）“病”是什么结构的字？（　）

A. 左右结构

B. 半包围结构

C. 全包围结构

（2）《弟子规》的作者李毓秀是哪个朝代的人？（　）

A. 清

B. 唐

C. 宋

## 二 小故事 大道理

**1.《黔驴技穷》**

（1）判断：（被踢的老虎）心想：“原来你只有这点儿本事啊！”读这句话时要读出老虎内心窃喜的语气。（　）

（2）“黔驴技穷”的“穷”是什么意思？（　）

A. 贫穷

B. 用尽

C. 达到极点

**2.《囫囵吞枣》**

（1）“语重心长”中“重”的正确读音是什么？（　）

A. zhòng

B. chóng

C. cháng

（2）梨子吃多了会伤到哪里？（　）

A. 牙齿

B. 肺

C. 脾

**3.《小丑鱼》**

（1）“缝里”中的“缝”的正确读音是什么？（　）

A. fèng

B. féng

C. fēng

（2）与“慌乱”意思相反的是哪个词？（　）

A. 惊慌

B. 慌张

C. 镇定

**4.《拉着阳光的手》**

（1）“小山洞大胆地向阳光发出

了______请。”横线处应该填哪个字？（ ）

A. 邀

B. 要

C. 吆

（2）“他亲吻着花儿，花儿的脸更红了。”这句话用了什么修辞手法？（ ）

A. 比喻

B. 排比

C. 拟人

**5.《一棵大树》**

（1）“兴奋地高喊”中的“兴”的正确读音是什么？（ ）

A. xīng

B. xìng

C. xǐng

（2）大树看到谁开始骄傲起来？（ ）

A. 高山

B. 白云

C. 河流

**6.《大象和他的长鼻子》**

（1）“荡”是什么结构的字？（ ）

A. 上下结构

B. 左右结构

C. 半包围结构

（2）啄木鸟____，小猴____，松鼠____。横线处依次填什么内容？（ ）

A. 捉害虫

B. 植树

C. 让树木长得更粗壮

**7.《洛阳纸贵》**

（1）《三都赋》的“都”正确的读音是什么？（ ）

A. dōu

B. dū

C. bū

（2）判断：左思写出著名的《齐都赋》轰动一时，人们争相传抄，造成了“洛阳纸贵”的局面。（ ）

**8.《屋顶上的小树》**

（1）“扭身”的正确读音是什么？（ ）

A. niǔ shēn

B. niū shēn

C. nuǐ shēn

（2）与“矮小”意思相反的是哪个词？（ ）

A. 瘦小

B. 弱小

C. 高大

9.《飞翔的小布谷鸟》

（1）“惶恐”的正确读音是什么？（　）

A. huáng kǒng

B. huǎng kōng

C. huāng kǒng

（2）“不，妈妈，太可怕了，您快背我回家吧______”横线处应该填以下哪个标点符号？（　）

A. 。

B. ！

C. ？

## 三 大自然的奥秘

1.《二月十一日夜梦作东都早春绝句》

（1）《二月十一日夜梦作东都早春绝句》的作者是宋代的哪位诗人？（　）

A. 李清照

B. 晏殊

C. 杨万里

（2）“道是春来早”中“道”是什么意思？（　）

A. 都说

B. 道路

C. 问道

2.《绝句漫兴（其五）》

（1）“杖藜徐步立芳______”中，横线上应该填下面哪个字？（　）

A. 州

B. 洲

C. 舟

（2）《绝句漫兴（其五）》的作者是唐代的哪位诗人？（　）

A. 杜甫

B. 李白

C. 杜牧

3.《我的新朋友：霜》

（1）“我们的花园今天特别漂亮，像一个小姑娘。”这句话用了什么修辞手法？（　）

A. 排比

B. 比喻

C. 夸张

（2）“她______的，是雾，又不是雾。”横线处应填哪个词？（　）

A. 蒙蒙

B. 朦朦

C. 濛濛

4.《预报天气的雨蕉》

（1）“在美______的多米尼加，人

们都会在自家门前栽上几棵雨蕉。”横线处应填哪个字？（　）

A. 州

B. 周

C. 洲

（2）雨蕉能帮助人们干什么？（　）

A. 调节心情

B. 预报天气

C. 美化环境

## 5.《宇宙尘埃和星云》

（1）“他看到光芒四射的____星。”横线上应填哪个字？（　）

A. 衡

B. 横

C. 恒

（2）“点点”是宇宙中的什么？（　）

A. 行星

B. 尘埃

C. 恒星

## 6.《宇航员在太空怎样洗澡》

（1）“淋浴”的正确读音是什么？（　）

A. lín yǖ

B. líng yù

C. lín yù

（2）判断：像“拉、拖”这样带有提手旁的字一般与手的动作有关。（　）

## 7.《走进大山》

（1）“飞禽走兽”中“禽”的正确读音是什么？（　）

A. qín

B. qǐn

C. qīn

（2）走进大山，便会看到山脚下有什么？（　）

A. 瀑布

B. 泉

C. 河

## 8.《银河》

（1）“有结着长长的队伍的木____，从上流驶下来吗？”横线处应填什么字？（　）

A. 筏

B. 伐

C. 阀

（2）“明亮的河流啊，在你的河滨，有沙滩和很多的贝壳吗？”这句中的“河滨”是什么意思？（　）

A. 对岸

B. 河里

C. 河边

### 9.《七彩的星空》

（1）小红马怎么会知道天上的恒星是五颜六色的？（　）

A. 从书上看到的

B. 自己看见的

C. 听妈妈说的

（2）“小动物们出神地听着，不禁豁然开朗，原来是这样呀”中的“豁然开朗”的近义词是什么？（　）

A. 疑惑不解

B. 恍然大悟

C. 大惑不解

### 10.《月亮婆婆和小鱼儿》

（1）每天夜里，谁给小鱼儿讲故事？（　）

A. 星星姐姐

B. 月亮婆婆

C. 青蛙哥哥

（2）“大泪珠落在湖里，溅起一朵朵水花儿”中“溅”的正确读音是什么？（　）

A. jiān

B. jìn

C. jiàn

## 四 悄悄地改变

### 1.《烦恼的大角》

（1）“追”的第一笔是什么？（　）

A. 撇

B. 点

C. 竖

（2）“喂，你这个小鹿，怎么乱拿我的商品啊____”横线处应该填写下面哪个标点符号？（　）

A. ，

B. ？

C. 。

### 2.《小乌龟探亲》

（1）“砸”的正确读音是什么？（　）

A. zá

B. zā

C. cā

（2）与“慢悠悠”意思相近的词语是哪一个？（　）

A. 急匆匆

B. 慢吞吞

C. 急忙忙

### 3.《再见，小刺猬》

（1）小熊把小刺猬带回家，给她倒什么喝？（　）

A. 热巧克力

B. 热咖啡

C. 热红茶

（2）“小熊很想把小刺猬抱在怀里，让她暖和一点儿”中“和”的正确读音是什么？（　）

A. hé

B. huó

C. huo

**4.《森林百货店》**

（1）“戴”是什么结构的字？（　）

A. 上下结构

B. 半包围结构

C. 左右结构

（2）与“越来越多”结构相同的词语是哪一个？（　）

A. 高兴高兴

B. 红红火火

C. 飞来飞去

**5.《不理妈妈的鸡蛋》**

（1）“窸窸窣窣”的正确读音是什么？（　）

A. xī xī sū sū

B. xī xī sūo sūo

C. xī xī shūo shūo

（2）与“神气”意思相反的词语是哪一个？（　）

A. 神志

B. 沮丧

C. 样子

**6.《小和大》**

（1）小牛看到兔妈妈领着孩子们在哪里做游戏？（　）

A. 大树下

B. 院子里

C. 操场上

（2）小牛对什么感到很奇怪？（　）

A. 兔妈妈领着小兔做游戏。

B. 自己生下来没几天就会走路。

C. 兔妈妈那么小就当妈妈了。

**7.《沉默的仙人球》**

（1）“花房里，摆满了漂亮的花盆，里面种着虎皮兰、富贵竹、文竹、水仙等各种绿色观赏植物。”这句话中的“种着”的正确读音是哪一项？（　）

A. zhòng zhe

B. zhǒng zhe

C. zhòng zhē

（2）与“炫耀”意思相反的词语是哪一个？（　）

A. 夸耀

B. 夸赞

C. 虚心

**8.《搬房子，还是搬树》**

（1）判断：园丁把树种错了，在红房子前面种了红色的树，在白房子前面种了白色的树。（　）

（2）奇古拉国王吩咐园丁在红房子前种一棵什么样的树？（　）

A. 开红花的树

B. 开白花的树

C. 开黄花的树

**9.《一片树叶变呀变》**

（1）“发抖”的正确读音是什么？（　）

A. fā dǒu

B. fá dǒu

C. fà dǒu

（2）与“东摇西晃”结构一致的词语是哪一个？（　）

A. 越来越好

B. 高高兴兴

C. 左摇右摆

**10.《早上好，朋友》**

（1）“而下午呢，又无精打____。”横线处应填哪个字？（　）

A. 采

B. 彩

C. 踩

（2）蟾蜍先生听从妻子的劝告，去找谁看病？（　）

A. 小狐狸

B. 小青蛙

C. 豪猪

**11.《笑一笑，哇！》**

（1）“难堪”的正确读音是什么？（　）

A. nán kān

B. nān kān

C. nán kàn

（2）与“气愤”意思相反的词语是哪一个？（　）

A. 生气

B. 高兴

C. 伤心

## 五 世界最初的样子

**1.《发现老祖宗》**

（1）“北”的第一笔是什么？（　）

A. 竖

B. 横

C. 提

（2）与“司空见惯”意思相近的词

语是哪一个？（　）

A. 与众不同

B. 见怪不怪

C. 前所未有

**2.《仓颉造字》**

（1）“仓颉”的正确读音是什么？（　）

A. cāng jí

B. cáng jiē

C. cāng jié

（2）与“与众不同”意思相近的词语是哪一个？（　）

A. 不同凡响

B. 习以为常

C. 司空见惯

**3.《远古时代的“世界大战”》**

（1）“张牙舞爪”的正确读音是什么？（　）

A. zhāng yā wǔ zhǎo

B. zhāng yá wǔ zhuǎ

C. zhāng yá wǔ zhǎo

（2）与“野心勃勃”结构相同的词语是哪一个？（　）

A. 气喘吁吁

B. 大同小异

C. 安安静静

**4.《女娲制作笙簧》**

（1）“女娲”的“娲”正确读音是什么？（　）

A. wá

B. guō

C. wā

（2）女娲不仅是创造人类的女神，也是创造什么的女神？（　）

A. 音乐

B. 欢乐

C. 绘画

**5.《后稷的传说》**

（1）“一条狭窄的小巷子”中“狭窄”的反义词是什么？（　）

A. 曲折

B. 陡峭

C. 宽阔

（2）判断：禹聘请后稷做农师，请他指导人民耕种。（　）

**6.《先蚕嫘祖》**

（1）“蚕丝属于动物纤维”中“纤”的正确读音是什么？（　）

A. qiān

B. qiàn

C. xiān

（2）嫘祖最早发明了什么？（　）

A. 养蚕和缫丝技术

B. 种桑和养蚕技术

C. 纺车和缫丝技术

**7.《五福临门的故事》**

（1）判断：“赚”带有“贝字旁”，与金钱有关。（ ）

（2）大年三十，谁来敲老爷爷老奶奶家的门？（ ）

A. 神仙五福

B. 五个过路人

C. 五个顾客

**8.《许由和巢父》**

（1）“听尧说明禅让帝位的意图后”中“禅”的正确读音是什么？（ ）

A. shàn

B. chán

C. dān

（2）尧打算找一个什么样的贤人来接替他？（ ）

A. 智慧公正

B. 勇敢勤快

C. 德才兼备

**9.《西湖的传说》**

（1）“王母娘娘千方百计想要得到这颗明珠”中“千方百计”是什么意思？（ ）

A. 想尽一切办法

B. 很多种形式

C. 一千种方法，一百种计谋

（2）判断：“玉龙山和凤凰山静静地守护着像明珠一样美丽的西湖。”这句话用了比喻的修辞手法，把西湖比喻成明珠。（ ）

## 六 中国精神

**1.《我们的心儿》**

（1）我们的心儿是一只快乐的小鸟，尽情地歌唱什么？（ ）

A. 美丽的风景

B. 亲爱的老师

C. 美好的生活

（2）“不懈地采制知识的____糖。”横线处应填哪个字？（ ）

A. 蜜

B. 密

C. 秘

**2.《我们爱祖国》**

（1）“它是国____在阳光下闪烁。”横线处应填哪个字？（ ）

A. 徽

B. 微

C. 徵

（2）“长大了，它是长江，是黄河”中“它”指什么？（ ）

A. 妈妈

B. 山河

C. 祖国

**3.《五星红旗，我爱你》**

（1）“____的万里长城。”横线处应填哪个词？（ ）

A. 滚滚

B. 茫茫

C. 巍峨蜿蜒

（2）“太阳的炽热与绚丽”中“炽”的正确读音是什么？（ ）

A. zhì

B. chì

C. zhǐ

**4.《朗诵给祖国听》**

（1）“我”是祖国春天田野上的什么？（ ）

A. 一片绿叶

B. 一缕霞光

C. 一条小河

（2）“那是一缕霞光”中“缕”的正确读音是什么？（ ）

A. lǔ

B. lǚ

C. lóu

## 七 整本书阅读

**《丁香小镇的菊奶奶》**

（1）“沮丧”的反义词是什么？（ ）

A. 失望

B. 消极

C. 高兴

（2）“若有所思”的正确解释是哪一项？（ ）

A. 好像在思考着什么

B. 心中有所感悟

C. 一点儿也不放在心上

# 参考答案

## 一、经典诵读

1.《山亭夏日》

（1）A

（2）A

2.《春宿左省（节选）》

（1）B

（2）A

3.《状江南·孟夏》

（1）B

（2）B

4.《田园乐（其六）》

（1）C

（2）B

5.《笠翁对韵（节选）》

（1）A

（2）B

6.《弟子规（节选）》

（1）B

（2）A

## 二、小故事 大道理

1.《黔驴技穷》

（1）对

（2）B

2.《囫囵吞枣》

（1）A

（2）C

3.《小丑鱼》

（1）A

（2）C

4.《拉着阳光的手》

（1）A

（2）C

5.《一棵大树》

（1）A

（2）C

6.《大象和他的长鼻子》

（1）A

（2）ACB

7.《洛阳纸贵》

（1）B

（2）错　解析：左思创作的《三都赋》广为流传，使洛阳的纸张都贵了起来。

8.《屋顶上的小树》

（1）A

（2）C

9.《飞翔的小布谷鸟》

（1）A

（2）B

## 三、大自然的奥秘

1.《二月十一日夜梦作东都早春绝句》

（1）C

（2）A

2.《绝句漫兴（其五）》

（1）B

（2）A

3.《我的新朋友：霜》

（1）B

（2）A

4.《预报天气的雨蕉》

（1）C

（2）B

5.《宇宙尘埃和星云》

（1）C

（2）B

6.《宇航员在太空怎样洗澡》

（1）C

（2）对

7.《走进大山》

（1）A

（2）C

8.《银河》

（1）A

（2）C

9.《七彩的星空》

（1）A

（2）B

10.《月亮婆婆和小鱼儿》

（1）B

（2）C

## 四、悄悄地改变

1.《烦恼的大角》

（1）A

（2）B

2.《小乌龟探亲》

（1）A

（2）B

3.《再见，小刺猬》

（1）A

（2）C

4.《森林百货店》

（1）B

（2）C

5.《不理妈妈的鸡蛋》

（1）A

（2）B

6.《小和大》

（1）B

（2）C

7.《沉默的仙人球》

（1）A

（2）C

8.《搬房子，还是搬树》

（1）错　解析：园丁把树种错了，在红房子前面种了开白花的树，在白房子前面种了开红花的树。

（2）A

9.《一片树叶变呀变》

（1）A

（2）C

10.《早上好，朋友》

（1）A

（2）C

11.《笑一笑，哇！》

（1）A

（2）B

## 五、世界最初的样子

1.《发现老祖宗》

（1）A

（2）B

2.《仓颉造字》

（1）C

（2）A

3.《远古时代的“世界大战”》

（1）C

（2）A

4.《女娲制作笙簧》

（1）C

（2）A

5.《后稷的传说》

（1）C

（2）错　解析：尧聘请后稷做农师，请他指导人民耕种。

6.《先蚕嫘祖》

（1）C

（2）A

7.《五福临门的故事》

（1）对

（2）A

8.《许由和巢父》

（1）A

（2）C

9.《西湖的传说》

（1）A

（2）对

## 六、中国精神

1.《我们的心儿》

（1）C

（2）A

2.《我们爱祖国》

（1）A

（2）C

3.《五星红旗，我爱你》

（1）C

（2）B

4.《朗诵给祖国听》

（1）C

（2）B

## 七、整本书阅读

《丁香小镇的菊奶奶》

（1）C

（2）A

### 6.《弟子规（节选）》

（1）“朝起早”中“朝”的读音是什么？（　）

A. zhāo

B. cháo

C. zǎo

（2）“弟子规”中“规”的意思是什么？（　）

A. 规律

B. 规矩

C. 规定

## 二 春天在哪里

### 1.《春日偶成》

（1）“傍花随柳过前川”中“傍”的正确读音是什么？（　）

A. páng

B. bàng

C. yǐ

（2）《春日偶成》的作者程颢是哪个朝代的诗人？（　）

A. 宋

B. 唐

C. 清

### 2.《春天在哪里》

（1）“春天在那______的山林里”，空格处填哪个词更合适？（　）

A. 青翠

B. 红色

C. 深深

（2）“春天在那湖水的倒影里”的“倒”的正确读音是什么？（　）

A. dǎo

B. bào

C. dào

### 3.《春风（节选）》

（1）判断：这首诗的作者是清朝的高鼎。（　）

（2）诗中“繁华”的意思是什么？（　）

A. 热闹

B. 复杂

C. 种类多

### 4.《春天很大又很小》

（1）“我衔着它从南方飞到北方”中的“衔”，正确读音是什么？（　）

A. jiē

B. xían

C. xián

（2）判断：“我们都被春天含在嘴里，远山和草地也陷进春天的怀抱”，读了这句话，我们觉得春天很大。（　）

# 彩色的梦 1

## 一 经典诵读

**1.《春远（节选）》**

（1）“肃”的正确读音是什么？（　）

A. sù

B. xiāo

C. jiào

（2）判断：《春远》的作者是唐朝诗人杜牧。（　）

**2.《春游曲》**

（1）请你找出古诗中的一对反义词。（　）

A. 江—边

B. 深—浅

C. 绿—波

（2）“万树江边杏”中“万树”的意思是什么？（　）

A. 很多树

B. 一万棵树

C. 树的品种叫万树

**3.《春风》**

（1）“荠”用音序查字法应查音序______。（　）

A. Q

B. J

C. B

（2）读了这首诗后，我们知道花开的顺序是________。（　）

A. 樱花

B. 梅花

C. 桃花

**4.《春寒》**

（1）“怯”的正确读音是什么？（　）

A. qù

B. jiè

C. qiè

（2）判断：“海棠不惜胭脂色”中“不惜”的意思是不吝惜。（　）

**5.《笠翁对韵（节选）》**

（1）“烹”的正确读音是什么？（　）

A. pēng

B. hēng

C. xiáng

（2）《笠翁对韵》的作者是谁？（　）

A. 李白

B. 杜甫

C. 李渔

# 《彩色的梦》阅读资源

## 使用说明

**亲爱的同学，这是我们精心为你编写的素养提升丛书。当你打开这套书时，一段愉快而有意义的阅读时光便开始了！**

《彩色的梦》这套书是由小学语文统编教材主编崔峦老师领衔、多位特级教师共同编写，适合7至8岁儿童阅读，共有2册，每册分为“经典诵读”“专题阅读”“整本书阅读”三大板块。

### 经典诵读

“经典诵读”板块有6篇古诗文。你可以利用零散时间读一读，也可以利用晨读时间与同学共读，还可以扫码收听名家配乐朗诵。

## 专题阅读

“专题阅读”板块一般由“范文阅读”“组文阅读”“自由阅读”三部分组成。

### 范文阅读：

精选名家名篇，内容生动有趣，语言细腻、准确，饱含智慧。文章中的批注紧扣学习要点，希望能引发你的思考和感悟。

目录

经典诵读



专题阅读一



范文阅读

3 春风（节选）

［清］袁枚

春风如贵客，
一到便繁华。
来扫千山雪，
归留万国花。

我能想象出“归留万国花”的景象。

12



《彩色的梦》第 1 册

### 组文阅读：

围绕一个主题将多篇文章组合在一起。针对这几篇文章，我们还设计了阅读实践活动，启发你一边阅读一边思考。如：《彩色的梦》第 1 册书中的“专题阅读一”围绕“春天”的主题精选了 3 篇文章，在阅读实践活动的引领下，相信你会对春天有更多的认知。

组文阅读



阅读实践

活动一

读了这组文章，你是不是又积累了很多词语呢？请写下来吧！看看你能收获几片花瓣。



33

## 1 打开微信扫一扫，开通会员

扫描下方二维码，开通会员账号。

## 2 素养文库使用介绍

开通会员后，可使用导读视频、古诗文音频、阅读留痕功能。

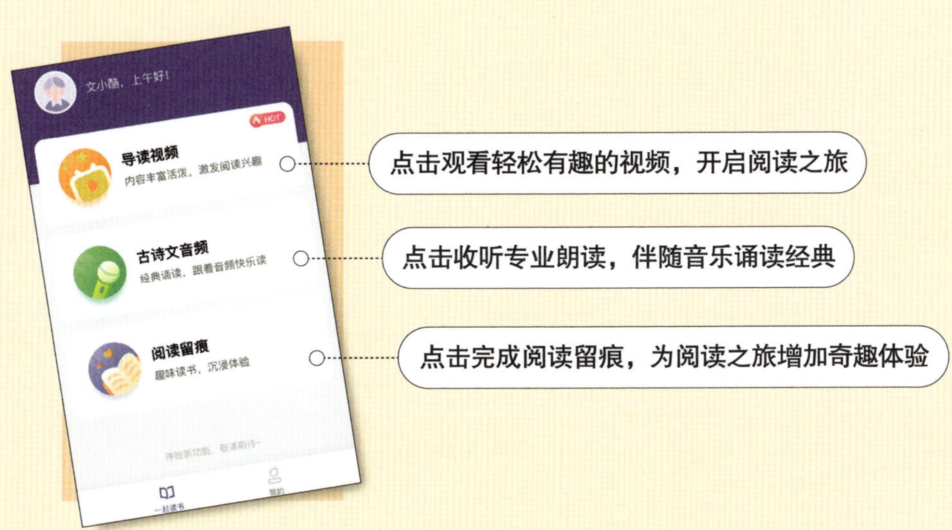

内容丰富活泼，激发阅读兴趣

经典诵读，跟着音频快乐读

趣味读书，沉浸体验

## 自由阅读：

这部分文章可自主阅读，也可与同学合作阅读。部分文章添加批注或文后栏目，提醒你在某些地方可以停下来想一想。

自由阅读



小蜂绕着小花飞，
飞来又飞去，
飞高又飞低。

终于小蜂飞走了，
因为有问题，
因为有秘密。

他要去写诗，
他要去作曲，
他要穿一件新上衣。

他要再来绿草地，
轻轻落在小花上，
轻轻说，我爱你。



40

## 整本书阅读

每个分册都向你推荐了一本好书。你可以借助“推荐语”“作者简介”“内容梗概”“精彩片段”“阅读小贴士”“我伴你读”等展开整本书的阅读。相信你会喜欢上它们。

推荐语

《书本里的蚂蚁》是著名儿童文学作家王一梅的一本短篇童话集，曾获中国作家协会第五届全国优秀儿童文学奖。

趴在花蕊里睡觉的黑蚂蚁，和花儿一起被夹进了书里……

打算砍掉七棵树的蓝狐狸，收起锯子、斧子、绳子、铲子和刨子……

孤独的狮子卡卡，在魔法师哈哩哈的帮助下，去寻找自己的好朋友了吗？

…………

书中的一个个童话故事，真是既神奇又有趣。让我们一起读一读《书本里的蚂蚁》，感受一下吧！

锯倒这些树可不是一件容易的事。呵呵，如果锯不倒，就要用斧子砍；呵呵，如果砍不倒，还要用绳子拉；呵呵，树根还要用铲子挖出来；呵呵，树的节疤要用刨子刨平。呵呵。”

“呜——呜——都是因为我，我把鸟粪拉在蓝狐狸的头上，害得大家的家要没有了。”树上传来小鸟的哭声。

146

作者简介

王一梅，一级作家，江苏省苏州市作家协会副主席，就职于苏州市职业大学儿童文学研究所。

出版图书有童话和小说《鼹鼠的月亮河》《木偶的森林》《合欢街》等，其中《胡萝卜先生的长胡子》入选三年级上册《语文》教科书。

作品获第十届中宣部精神文明建设“五个一工程”奖、第五届全国优秀儿童文学奖、第六届全国优秀儿童文学奖、第五届国家图书奖等奖项。

“书本里的蚂蚁”邀请你分享一下自己喜欢的故事。



150

一本书就是一个五彩缤纷的世界。请你捧起书尽情地阅读吧，去感受书中的精彩，体验不一样的生活！

图书在版编目（CIP）数据

彩色的梦 / 李香菊主编. — 上海 : 上海教育出版社, 2021.12

ISBN 978-7-5720-0806-1

Ⅰ. ①彩… Ⅱ. ①李… Ⅲ. ①阅读课—小学—教学参考资料 Ⅳ. ①G624.233

中国版本图书馆CIP数据核字（2021）第260864号

责任编辑　顾　翊
封面设计　陈丽娟　王艺霖
著作权人　北京华樾教育科技有限公司

**彩色的梦**

**李香菊　主编**

出版发行　上海教育出版社有限公司
官　　网　www.seph.com.cn
地　　址　上海市闵行区号景路159弄C座
邮　　编　201101
印　　刷　肥城新华印刷有限公司
开　　本　720×1010　1/16　印张 20
字　　数　200千字
版　　次　2021年12月第1版
印　　次　2021年12月第1次印刷
书　　号　ISBN 978-7-5720-0806-1/G·0622
定　　价　118.00元（全二册）

如发现质量问题，请向本社调换　　021-64373213